INHALT

> SPEISEKARTE

Mit Spaß bestellen und mit Genuss essen – denn für Sie ist die Speisekarte in Landessprache ab jetzt kein Buch mit sieben Siegeln mehr.

> VOLLES PROGRAMM

Kultur oder Action, Sprach- oder Kochkurs, Tauchen oder Theaterabend: Formulierungen, die dafür sorgen, dass Ihr Urlaub noch spannender wird.

> WIE DIE EINHEIMISCHEN

Insider Tipps Damit Sie als echter Insider gelten, nicht als Tourist.

BLOSS NICHT!
Hilft, Fettnäpfchen zu vermeiden.

ACHTUNG! SLANG
Einheimische noch besser verstehen!

VOLLES PROGRAMM 76
AUSKUNFT 76 SEHENSWÜRDIGKEITEN/MUSEEN 77 AUSFLÜGE 79
AM ABEND 80 STRAND UND SPORT 82 KURSE 87

ACHTUNG! SLANG 88
ALLTAG 90 ESSEN 93 AUSGEHEN 93 MANN UND FRAU 95 SCHIMPFEN, LÄSTERN, FLUCHEN 96 UNAPPETITLICHES 97 GELD 98 ARBEIT 99
WETTER 100

IMPRESSUM 101

VON A BIS Z 102
ARZT 102 BANK/GELDWECHSEL 109 FARBEN 110 FOTOGRAFIEREN 111
FUNDBÜRO 111 INTERNETCAFÉ 112 KINDER UNTERWEGS 112 POLIZEI 113
POST 114 TELEFONIEREN 115 TOILETTE UND BAD 117

WÖRTERBUCH 118

BLOSS NICHT! 132

DAS WICHTIGSTE AUF EINEN BLICK .... UMSCHLAG
WIE BITTE? | DIE WICHTIGSTEN FRAGEN

WORTLOS GLÜCKLICH: ZEIGEBILDER

Farben, Muster, Materialien helfen Ihnen beim Einkaufen. Weitere Helfer für (fast) jede Gelegenheit finden Sie in diesem Sprachführer.

> www.marcopolo.de/kroatisch

AUSSPRACHE

BESONDERHEITEN BEI DER AUSSPRACHE

Das Kroatische wird in der Regel so ausgesprochen, wie es geschrieben wird. Im Folgenden einige Abweichungen von dieser Regel:

- Alle Vokale sind offen (das „**e**“ zum Beispiel wird also wie in „b**e**sser“ ausgesprochen, nicht wie in „B**e**sen“; das **o** wird ausgesprochen wie in „**o**ffen“, nicht wie in „**O**fen“). Jeder Vokal muss in jeder Stellung deutlich ausgesprochen werden.
- Bei Vokalverbindungen ist jeder einzelne Vokal hörbar: rẹuma = re-u-ma (Rheuma).
- Das silbenbildende „r“ muss ebenfalls deutlich ausgesprochen werden: vrba, Krk.
- Die Konsonanten haben immer die gleiche Aussprache: le**d** – Eis (**d**, nicht **t**), bo**g** – Gott (**g**, nicht **k**).

c	[ts] wie in **C**äsar, **Z**entrum	centar [tsäntar] (Zentrum)
č	[tsch] wie in **Tsch**eche	Čeh [tschäch] (Tscheche)
ć	zwischen [tch] und [tsch], etwa wie in Hü**tch**en oder in span. ma**ch**o	kuća [kutcha] (Haus), noć [notch] (Nacht)
dž	[dsch] etwa wie in In**ge**nieur, wie das engl. j in **J**ohn	džep [dschäpp] (Tasche)
đ	[d] mit weichem [j]-Nachschlag	đak [djak] (Schüler)
h	[ch] wie in a**ch**, no**ch**	duhan [duchan] (Tabak)
lj	[lj] etwa wie in Fami**li**e, wie das ital. gl in fi**gl**io	ljubav [ljubaw] (Liebe), polje [poljä] (Feld)
r	Zungen-R	roba [robba] (Ware)
s	Stimmloses [s] wie in rei**ß**en, la**ss**en	pas [pas] (Hund)
š	Stimmloses [sch] wie in **sch**ön, Ti**sch**	škola [schkola] (Schule)
v	[w] wie in **W**asser, **V**ioline	vino [wino] (Wein)
z	Stimmhaftes [s] wie in rei**s**en	vọziti [wositi] (fahren)
ž	Stimmhaftes [sch] wie in Gara**g**e, Lo**g**e	žena [schänna] (Frau)

HINWEISE ZUR BETONUNG

Zweisilbige Wörter werden immer auf der ersten Silbe betont. Bei drei- und mehrsilbigen Wörtern kann jede Silbe, außer der letzten, betont werden. Deshalb wird bei diesen Wörtern im Sprachführer die Betonung angegeben:
govọriti – sprechen, jạbuka – Apfel.
Die Vokale können, ob betont oder unbetont, lang oder kurz sein. Bei richtiger Betonung sind Verstöße gegen Länge oder Kürze für die normale Verständigung nicht hinderlich.

TYPISCH MÄNNLICH/WEIBLICH

Substantive sind …
– männlich (m), wenn sie auf einem Konsonanten enden.
– weiblich (f), wenn sie auf **-a** enden.
– sächlich (n), wenn sie auf **-o** oder **-e** enden.
Bei Ausnahmen ist das Geschlecht angegeben.

Abkürzungen finden Sie auf Seite 118.

> EXTRABETT IN STRANDNÄHE

Ob Sie ein Traumhotel am Meer suchen oder ein Zusatzbett im Zimmer brauchen: Formulieren Sie Ihre Urlaubswünsche per E-Mail, Fax oder am Telefon – und gehen Sie entspannt auf Reisen.

BUCHUNG PER E-MAIL

HOTEL | HOTEL

Sehr geehrte Damen und Herren,
vom 24. bis 26. Juni hätte ich gern für zwei Nächte ein Einzel-/Doppel-/Zweibettzimmer.
Bitte teilen Sie mir mit, ob Sie ein Zimmer frei haben und was es pro Nacht, einschließlich Frühstück, kostet.
Mit freundlichen Grüßen

REISE PLANUNG

Štovane gospođe i gospodo,
od 24. do 26. lipnja želim rezervirati jedno/dvo/krevetnu sobu/sobu s duplim krevetom za dvije noći. Ljubazno Vas molim, javite mi imate li slobodnu sobu i kolika je cjena za jednu noć uključujući i doručak.
S poštovanjem

MIETWAGEN | RENT-A-CAR

Sehr geehrte Damen und Herren,
für die Zeit vom 20. bis 25. Juli möchte ich gern ab Flughafen XXX einen Kleinwagen/einen

Mittelklassewagen/einen Kleinbus mieten. Mein Rückflug geht ab YYY und deshalb möchte ich das Auto dort zurückgeben. Bitte teilen Sie mir Ihre Tarife mit und welche Unterlagen ich benötige.
Mit freundlichen Grüßen

Štovane gospođe i gospodo,
u vremenu od 20. do 25. srpnja želim iz zračne luke XXX unajmiti osobno vozilo(auto)/osobno vozilo srednje klase/minibus. Moj povratni let polazi iz zračne luke YYY te zbog toga namjeravam tu predati vozilo. Ljubazno Vas molim, pošaljite mi Vaš cjenik kao i popis potrebne dokumentacije.
S poštovanjem

FRAGEN ZUR UNTERKUNFT

Ich suche ein schönes Hotel/ Bed and Breakfast in der Altstadt (mit besonders guter Küche).	Tražim lijep hotel/Bed&Breakfast (noćenje s doručkom) u starom gradu (s odličnom kuhinjom).
Ist es zentral/ruhig/ in Strandnähe gelegen?	Je li smješteno u središtu/na mirnom mjestu/blizu plaže?
Wie viel kostet das pro Woche?	Kolika je cijena za tjedan dana?
Hat diese Unterkunft eine Internet- oder E-Mail-Adresse?	Ima li smještaj internet ili e-mail adresu?

Hotel	hotel
Pension	neki penzion
Zimmer	privatni smještaj
Ferienwohnung	apartman

HOTEL/PENSION/ZIMMER | HOTEL/PANSION/SOBE

Übernachtung: Seite 66 ff.

Ich suche ein Hotel, jedoch nicht zu teuer – etwas in der mittleren Preislage.	Tražim hotel, koji nije preskup – nešto otprilike srednje cijene.
Ich suche ein Hotel mit ...	Tražim hotel s …
Wellnessbereich.	„wellness" uslugom.
Swimmingpool.	bazenom.

Golfplatz.	igralištem za golf.
Tennisplätzen.	teniskim igralištem.
Können Sie mir ein ruhiges Zimmer/Zimmer mit Aussicht/Zimmer mit Balkon geben?	Možete li mi dati mịrnu sobu/sobu s pọgledom/ sobu s balkọnom?
Ist es möglich, ein weiteres Bett in einem der Zimmer aufzustellen?	Je li mọguće stạviti dọdatni krevet u sobu?

FERIENHÄUSER/FERIENWOHNUNGEN
KUĆE ZA ODMOR/APARTMANI

Übernachtung: Seite 72 f.

Ich suche eine Ferienwohnung oder einen Bungalow.	Tražim ạpartman ili bungalov.
Für wie viele Leute soll es sein?	Za koliko biste osoba rabili?
Gibt es ...?	Ima li …?
eine Küche	kuhinja
eine Spülmaschine	pẹrilica za posuđe
einen Kühlschrank	hladnjak
eine Waschmaschine	pẹrilica za rublje
einen Fernseher	televịzor
WLAN	WLAN (bežični ịnternet)
Sind die Stromkosten im Preis enthalten?	Je li ụtrošak struje ụključen u cijẹnu?
Werden Bettwäsche und Handtücher gestellt?	Stoje li nam postaljina i ručnici na raspolaganju?
Wie viel muss ich anzahlen und wann ist die Anzahlung fällig?	Kọliko moram ụplatiti i do kada je rok ụplate?
Wo und wann kann ich die Schlüssel abholen?	Gdje i kada mogu ụzeti kljụčeve?

CAMPING | KAMPIRANJE

Ich suche einen schönen Campingplatz (am Wasser).	Tražim ugodan autokamp (blizu vode).
Können Sie mir irgend etwas empfehlen?	Možete li mi što preporučiti?

> MEHR ERLEBEN

Nur keine Scheu! Der Smalltalk im Café, die Plauderei beim Einkauf, der Flirt beim Clubben – reden Sie drauflos, es ist einfacher, als Sie denken! Und macht die Reise erst so richtig spannend.

BEGRÜSSUNG | POZDRAVLJANJE

Guten Morgen!	Dobro jutro!
Guten Tag!	Dobar dan!
Guten Abend!	Dobra večer!
Hallo!/Grüß dich!	Bog!
Wie geht es Ihnen?	Kako ste?
Wie geht es dir?	Kako si?
Danke gut, und Ihnen?	Hvala, dobro, a Vi?
Danke gut, und dir?	Hvala, dobro, a ti?

IM GESPRÄCH

MEIN NAME IST ... | MOJE IME JE ...

Wie ist Ihr Name, bitte?	Kako Vam je ime, molim?
Wie heißt du?	Kako se zoveš?
Darf ich bekannt machen?	Dopụstite da vas upọznam.
Das ist ...	To je …
Frau .../Herr ...	gọspođa X/gospọdin X.
mein Partner./ meine Partnerin.	**mọj pạrtner/mọja pạrtnerica.**
Es freut mich, Sie kennenzulernen.	Drago mi je što sam vas upọznao/la.

AUF WIEDERSEHEN! | DO VIĐẸNJA!

Tschüss!	Adio! Bog!
Bis später!	Do kạsnije!
Bis morgen!/Gute Nacht!	Do viđẹnja sutra!/Laku noć!
Bis bald!	Vidimo se!
Es war schön, Sie/dich kennenzulernen.	Drạgo mi je bilo Vas/te upọznati.

BITTE | MOLIM

Darf ich Sie um einen Gefallen bitten?	Smijem li Vas zamọliti za ụslugu?
Können Sie mir bitte helfen?	Molim Vas mọžete li mi pọmoći?
Gestatten Sie?	Dọpuštate li?
Bitte sehr.	Molim lijẹpo.
Gern geschehen.	Vrlo rado.
Mit Vergnügen!	Sa zadovọljstvom.

DANKE! | HVALA!

Vielen Dank.	Hvala lijẹpa.
Danke, sehr gern.	Hvala, vrlo rado.
Nein, danke!	Ne, hvala!
Danke, gleichfalls!	Hvala, takọđer!
Das ist nett, danke.	To je ljụbazno, hvala.

ENTSCHULDIGUNG! | OPRỌSTITE!/PARDON!

Tut mir leid(, dass ich zu spät komme)!	Žạo mi je (što kạsnim)!
Schade!	Šteta!

ALLES GUTE! | SVE NẠJBOLJE!

Herzlichen Glückwunsch!	Sṛdačno čẹstitam!
Alles Gute zum Geburtstag!	Sve nạjbolje za rọđendan!
Viel Erfolg!/Viel Glück!	Mnogo ụspjeha!/Mnogo sreće!
Hals- und Beinbruch!	Sretno!
Gute Besserung!	Dobro se opọravite!

> ***www.marcopolo.de/kroatisch***

KOMPLIMENTE | KOMPLIMENTI

Wie schön!	Kako lijepo!
Das ist wunderbar!	To je krasno!
Sie sprechen sehr gut Deutsch.	Vrlo dobro gọvorite njẹmački.
Sie sehen gut aus!	Dobro izgledate!
Ich finde Sie sehr sympathisch/nett.	Vrlo ste mi simpatični/dragi.

angenehm	ụgodno
ausgezeichnet	ọdlično
beeindruckend	divno
freundlich	prijazno
herrlich	krasno
hübsch	ljupko
lecker	ukusno
schön	lijepo

WIE DIE EINHEIMISCHEN

Insider Tipps

Vom Grüßen und Küssen ...

Wie in Deutschland grüßt man auch in Kroatien der Tageszeit entsprechend: **Dobro jutro** („Guten Morgen"), **Dobar dan** („Guten Tag"). Freunde und Bekannte begrüßen sich meistens mit **Bog, kako si/kako ste?** (wörtlich: „Hallo, wie geht es dir/Ihnen?"). Ist man enger befreundet oder miteinander verwandt, gibt es auch zwei Küsschen zur Begrüßung. Männer geben sich jedoch meist nur die Hand.

„Du" und „Sie"

Junge Leute und Jugendliche duzen sich. Im Urlaub kann es Ihnen passieren, dass Sie spontan geduzt werden. In der Regel werden Fremde jedoch zuerst gesiezt, bis man einander das „Du" anbietet. Schwiegereltern werden oft auch noch nach vielen Jahren Ehe gesiezt – aus Respekt oder auch als Abgrenzung zur eigenen Familie. Beim „Siezen" wird die Anrede **gospođjo** („meine Dame") oder **gospodine** („[mein] Herr") verwendet, dabei spricht man die Person mit ihrem Vornamen an.

„Nema problema"

Diesen Ausspruch werden Sie in Kroatien oft zu hören bekommen, er kann vieles bedeuten: „Kein Problem, das werde ich erledigen" oder „ich werde mich drum kümmern" oder „ich kenne jemanden, der sich drum kümmern wird", „es gibt keinen Grund zur Sorge oder Aufregung" ..., eben: **nema problema!**

SMALLTALK | ĆASKANJE

ZUR PERSON O OSOBI

Wie alt sind Sie?	Kọliko ịmate gọdina?
Ich bin (24).	Imam (24) godine.
Was machen Sie/ machst du beruflich?	Što ste/si po zanịmanju?
Ich bin ...	Ja sam …
Ich arbeite bei ...	Radim kod …
Ich gehe noch zur Schule.	Idem još u školu.
Ich bin Student/in.	Ja sam student/ica.

HERKUNFT UND AUFENTHALT PORIJEKLO I BORAVAK

Woher kommen Sie?	Ọdakle ste?
Woher kommst du?	Ọdakle dọlaziš?
Ich bin aus ...	Ja sam iz …
Ich komme aus Deutschland.	Ja sam iz Njẹmačke.
Sind Sie/Bist du schon lange in ...?	Jeste li/Jesi li već dugo u …?
Ich bin seit ... hier.	Ovdje sam od …
Wie lange bleiben Sie/ bleibst du?	Dọkada ọstajete/ọstaješ?
Gefällt es Ihnen?	Dọpada li Vam se?
Wie ist Ihre/deine E-Mail-Adresse?	Koja Vam/ti je e-mail adrẹsa?

HOBBYS HOBIJI

Was machen Sie/machst du in der Freizeit?	Što rạdite/rạdiš u slọbodno vrijẹme?
Ich interessiere mich für ... Kunst/Kultur/Architektur/ Design/Fashion.	Zạnimam se za … ụmjetnost/kultụra/arhitektụra/dizạjn/mọda.
Sind Sie/bist du auf Facebook?	Jeste/jesi li na Facebooku-u (fejsu ugs.)?

Computerspiele	računalne igre
fotografieren	fotografiranje
Karten-/Brettspiele	kartanje/igre na igraćoj dasci
Kino/Filme	kino/filmovi
kochen	kụhati
lesen	čịtati
malen	slịkati
Musik hören/machen	slụšati glazbu/svirati
reisen	pụtovati
Sprachen lernen	učiti strane jezike

> *www.marcopolo.de/kroatisch*

IM GESPRÄCH

SPORT SPORT

Volles Programm: Seite 82 ff.

Welchen Sport treiben Sie?	Kojim se športom bavite?
Ich spiele ...	Ja igram …
Fußball/Tennis/Volleyball/ Handball/Tischtennis	nogomet/tenis/odbojku/rukomet/stolni tenis
Ich gehe regelmäßig ins Fitnesscenter/Yoga.	Redovito idem u teretanu (fitness centar)/na jogu.
Ich jogge/schwimme/ fahre Rad.	Trčim/plivam/vozim bicikl.

VERABREDUNG/FLIRT | SASTANAK/FLERT

Haben Sie/Hast du für morgen schon etwas vor?	Imate/Imaš li već neki plan za sutra?
Treffen wir uns heute Abend?	Hoćemo li se naći večeras?
Wann treffen wir uns?	Kada ćemo se naći?
Hast du einen Freund/eine Freundin?	Imaš li momka/djevojku?

WIE DIE EINHEIMISCHEN

Insider Tipps

Platonisch oder nicht?

„Freund"/„Freundin" heißen in einer platonischen Beziehung **prijatelj/prijateljica**. In einer Liebesbeziehung spricht man von **moj dečko/mladić** („mein Freund") und **moja djevojka/cura** („meine Freundin").

Tierisches

Mit **Dobra mačka** ist nicht „die gute Katze" des lieben Nachbarn gemeint, sondern eine attraktive Frau ... **Dobra riba** ist nicht nur ein „leckerer Fisch", sondern auch ein schönes Mädchen ... Und **Dobar mačak** („guter Kater") ist nicht der Kater aus Nachbars Garten, sondern ein attraktiver Mann. Ist er ein Macho, spricht man von **On je frajer** („Er ist ein Macker" oder „cooler Typ"). Und will er dann noch mit Touristinnen anbandeln, wird er als **Galeb** (Möwe) bezeichnet. Ist man davon genervt, reagiert man am besten kurz und bündig mit **Pusti me na miru!**, „Lass mich in Ruhe!"

Sind Sie verheiratet?	Jeste li ọženjeni (Mann)/ụdati (Frau)?
Ich habe mich den ganzen Tag auf Sie/dich gefreut.	Cijẹli dan sam se Vama/tebi rạdovao.
Du hast wunderschöne Augen!	Imaš prẹkrasne oči!
Ich habe mich in dich verliebt.	Zạljubio sam se u tebe.
Ich mich auch in dich.	I ja u tebe.
Ich liebe dich!	Volim te!
Ich möchte mit dir schlafen.	Želim s tobom spạvati.
Aber nur mit Kondom!	Ali samo s kondọmom!
Hast du Kondome?	Imaš li kondọme?
Wo kann ich welche kaufen?	Gdje mogu kụpiti?
Darf ich Sie/dich nach Hause bringen?	Smijem li Vas/te dọpratiti kući?
Gehen wir zu dir oder zu mir?	Ịdemo li k tebi ili meni?
Es tut mir leid, aber ich bin nicht in dich verliebt.	Žao mi je, ali ja u tebe nisam zạljubljen/a.
Ich habe keine Lust dazu.	Ne želim to.
Ich will nicht.	Neću.
Bitte geh jetzt!	Molim te, idi sada!
Hör sofort auf!	Odmah prẹstani!
Hau ab!	Odbij! Nosi se! Gubi se!
Lassen Sie mich bitte in Ruhe!	Pụstite me na miru, molim Vas!

ZEIT

UHRZEIT | VRIJẸME PO SATU

WIE VIEL UHR IST ES? KỌLIKO JE SATI?

> Zeitangaben: Umschlagklappe

UM WIE VIEL UHR?/WANN? U KỌLIKO SATI?/KADA?

Um 1 Uhr.	U jedan sat.
In einer Stunde.	Za jedan sat.
Zwischen 3 und 4.	Ịzmeđu tri i čẹtiri.

WIE LANGE? KỌLIKO DUGO?

Zwei Stunden (lang).	Dva sata.
Von 10 bis 11.	Od deset do jedạnaest.
Bis 5 Uhr.	Do pet sati.

SEIT WANN? OTKAD(A)?

Seit 8 Uhr morgens.	Od osam sati ujutro.
Seit einer halben Stunde.	Već pola sata.

SONSTIGE ZEITANGABEN | OSTALE OZNAKE VREMENA

morgens	ujutro
vormittags	do podne
mittags	o podne
nachmittags	po podne
abends	navečer
nachts	noću
vorgestern	prekjučer
gestern	jučer
vor zehn Minuten	prije deset minuta
heute	danas
jetzt	sada
morgen	sutra
übermorgen	preksutra
diese Woche	ovog tjedna
am Wochenende	preko vikenda
am Sonntag	u nedjelju
in 14 Tagen	za četrnaest dana
nächstes Jahr	iduće godine
manchmal	ponekad
stündlich	svakog sata
täglich	dnevno
ab und zu	ponekad
innerhalb einer Woche	u tijeku tjedna
bald	uskoro

DATUM | DATUM

Den Wievielten haben wir heute?	Koji je danas datum?
Heute ist der 1. Mai.	Danas je prvi svibnja.

WOCHENTAGE | DANI U TJEDNU

Montag	ponędjeljak
Dienstag	ųtorak
Mittwoch	srijęda
Donnerstag	četvrtak
Freitag	petak
Samstag	sųbota
Sonntag	nędjelja

MONATE | MJĘSECI

Januar	sįječanj, jąnuar
Februar	vęljača, fębruar
März	ǫžujak, mart
April	travanj, april
Mai	svibanj, maj
Juni	lipanj, jun
Juli	srpanj, jul
August	kǫlovoz, ąugust
September	rujan, sęptembar
Oktober	lįstopad, ǫktobar
November	stųdeni, nǫvembar
Dezember	prǫsinac, dęcembar

JAHRESZEITEN | GǪDIŠNJA DOBA

Frühling	prǫljeće
Sommer	ljeto
Herbst	jesen f
Winter	zima

FEIERTAGE | BLĄGDANI

Neujahr	Nova gǫdina
Dreikönigstag	Sveta tri kralja
Fastnachtsdienstag	Pǫkladni ųtorak
Aschermittwoch	Pepęlnica
Karfreitag	Vęliki petak
Ostern	Uskrs
Ostermontag	Ųskrsni ponędjeljak

> www.marcopolo.de/kroatisch

1. Mai	Prvi svibanj
Christi Himmelfahrt	Spạsovo
Pfingsten	Dụhovi m pl
Pfingstmontag	Dụhovski ponẹdjeljak
Fronleichnam	Tijẹlovo
Maria Himmelfahrt (15.8.)	Vẹlika Gospa
Allerheiligen (1.11.)	Svi sveti
Heiliger Abend	Badnjak
Weihnachten	Božić
1. Weihnachtsfeiertag	Prvi dan Bọžića
2. Weihnachtsfeiertag	Drugi dan Bọžića, (ugs) Štẹfanje
Silvesterabend	Sịlvestrovo

WETTER

Wie wird das Wetter heute?	Kakvo će vrijẹme biti danas?
Es bleibt schön/schlecht.	Ostat će lijẹpo/ružno.
Es wird wärmer/kälter.	Bit će tọplije/hlạdnije.
Es soll regnen/schneien.	Kažu da će pạdati kiša/snijeg.
Es ist kalt/heiß/schwül.	Hladno/Vruće/Sparno je.
Wie viel Grad haben wir heute?	Kọliko je danas stụpnjeva?
Es hat 20 Grad Celsius.	Dvạdeset stụpnjeva Cẹlzijevih.

bewölkt	ọblačno
Ebbe	ọseka
Flut	plima
Frost	mraz
Gewitter	olụja
heiß	vruće
kalt	hladan
Nebel	magla
Regen	kiša
Schnee	snijeg
schwül	sparno
Sonne	sunce
Trockenheit	suša
Überschwemmung	pọplava
warm	tọplo
wechselhaft	promjẹnljivo
Wind	vjetar

> WO GEHT ES NACH ...?

Wenn Sie sich verirrt oder verfahren haben oder einfach nicht mehr weiterwissen: Fragen Sie! Dieses Kapitel hilft Ihnen dabei.

WO GEHT'S LANG?

Bitte, wo ist ...?	Molim Vas, gdje je …?
Können Sie mir sagen, wie ich nach ... komme?	Mọžete li mi reći kako mogu doći do …?
Welches ist der kürzeste Weg nach/zu ...?	Koji je nạjkraći put za/do …?
Wie weit ist das?	Kọliko je to dalẹko?
Gehen Sie ...	Pọđite …
... geradeaus.	… ravno.
... nach links/rechts.	… lijẹvo/desno.

UNTER WEGS

Erste/Zweite Straße links/ rechts.	Prva/Druga ụlica lijẹvo/desno.
Überqueren Sie ...	Prẹđite …
die Brücke.	… most.
den Platz.	… trg.
die Straße.	… ụlicu.
Sie können ... nehmen.	Mọžete ići …
den Bus	ạutobusom.
die Straßenbahn	trạmvajem.
die S-Bahn	gradskom žẹljeznicom.
den Obus	trọlejbusom.

AN DER GRENZE

ZOLL | CẠRINA

Haben Sie etwas zu verzollen?	Imate li što za prijạviti?
Nein, ich habe nur ein paar Geschenke.	Ne, imam samo nẹkoliko pọklona.
Fahren Sie bitte rechts heran.	Izvọlite s kọlima desno stati.
Öffnen Sie bitte ...	Izvọlite otvọriti ...
den Kofferraum.	pṛtljažnik.
diesen Koffer.	ovaj kovčeg.
Muss ich das verzollen?	Moram li za ovo plạtiti cạrinu?

Ausfuhr	izvoz
Ausreise	ịzlazak iz zemlje
Einfuhr	uvoz
Einreise	ụlazak u zemlju
Familienname	prẹzime
Familienstand	bračno stanje
ledig	(Mann) neọženjen, (Frau) nẹudata
verheiratet	(Mann) ọženjen, (Frau) ụdata
Führerschein	vọzačka dọzvola
Geburtsdatum	datum rođẹnja
Geburtsname (Mädchenname)	djẹvojačko prẹzime
Geburtsort	mjesto rođẹnja
Grenzübergang	grạnični prijẹlaz
gültig	vạžeći
Nationalitätskennzeichen	ọznaka dṛžave
Passkontrolle	kọntrola putọvnica
Personalausweis	ọsobna ịskaznica
Reisepass	putọvnica
Staatsangehörigkeit	dṛžavljanstvo
Visum	viza
Vorname	ime
Wohnort	prebịvalište
Zoll	cạrina
zollfrei	oslọbođen cạrine
zollpflichtig	ọbvezno se cạrini

UNTERWEGS

... MIT DEM AUTO/MOTORRAD/FAHRRAD

ENTSCHULDIGUNG, WIE KOMME ICH NACH ...? OPRỌSTITE, KUDA SẸ IDE U ...?

Wie weit ist es zum/zur ...?	Kọliko je dalẹko do …?
Bitte, ist das die Straße nach ...?	Molim Vas je li ovo cesta za … ?
Wie komme ich zur Autobahn nach ...?	Kako da dođem na ạuto-cestu za … ?
Immer geradeaus bis ...	Samo ravno do …
Dann bei der Ampel links/ rechts abbiegen.	Onda kod sẹmafora skrẹnite lijẹvo/desno.

VOLLTANKEN, BITTE | NẠPUNITE, MOLIM

Wo ist bitte die nächste Tankstelle?	Molim Vas gdje je nạjbliža bẹnzinska stạnica?
Normalbenzin/Super/Diesel/ Elektroladestation	ọbičnog benzịna/sụpera/dịzela/ stạnica za pụnjenje
Prüfen Sie bitte ...	Molim Vas prọvjerite …
den Ölstand.	nivo ulja.
den Reifendruck.	tlak u gụmama.
Wo sind bitte die Toiletten?	Mọlim Vas, gdje je WC (ve-ce)?

PARKEN | PARKỊRANJE

Gibt es hier in der Nähe eine Parkmöglichkeit?	Ima li u blizịni mogụćnosti za parkịranje?
Kann ich das Auto hier abstellen?	Mogu li ovdje ọstaviti kola?

PANNE | KVAR

Können Sie mir Starthilfe geben?	Možete li mi pọmoći pri stạrtanju auta?
Würden Sie mir bitte einen Mechaniker/einen Abschleppwagen schicken?	Molim Vas da li biste mi pọslali mehạničara/ vučno vọzilo?
Könnten Sie mir mit Benzin aushelfen?	Mọžete li mi pọmoći s malo benzịna?
Könnten Sie mir beim Reifenwechsel helfen?	Mọžete li mi pọmoći da prọmijenim gumu?
Würden Sie mich bis zur nächsten Tankstelle mitnehmen?	Da li biste me pọvezli do nạjbliže bẹnzinske stạnice?
Würden Sie mich bis zur nächsten Werkstatt abschleppen?	Da li biste me ọdvukli do nạjbliže radiọnice?

WERKSTATT | RADIỌNICA

Wo ist hier in der Nähe eine Werkstatt?	Gdje ima u blizịni neka radiọnica?
Mein Wagen springt nicht an.	Moja se kola ne daju upạliti.
Können Sie mal nachsehen?	Mọžete li pọgledati?
Die Batterie ist leer.	Akumulạtor je prazan.
Mit dem Motor stimmt was nicht.	Nešto nije u redu s motọrom.
Die Bremsen funktionieren nicht.	Kọčnice ne rade.
... ist/sind defekt.	… je/su u kvaru.
Der Wagen verliert Öl.	Kola gube ulje.
Wechseln Sie bitte die Zündkerzen aus.	Molim Vas promijẹnite svjẹćice.
Was wird es kosten?	Kọliko će stạjati?

UNFALL | NẸZGODA

Es ist ein Unfall passiert.	Dogọdila se nẹsreća.
Rufen Sie bitte schnell ...	Molim Vas pozọvite brzo …
einen Krankenwagen.	vozilo hitne pọmoći.
die Polizei.	polịciju.
die Feuerwehr.	vatrogạsce.

> www.marcopolo.de/kroatisch

Sind Sie verletzt?	Jeste li povrijeđeni?
Haben Sie Verbandszeug?	Ịmate li pribor za previjanje?
Es war meine Schuld.	Bila je moja krivịca.
Es war Ihre Schuld.	Bila je Vaša krivịca.
Sollen wir die Polizei holen oder können wir uns so einigen?	Họćemo li zvati polịciju ili se mọžemo nagọditi?
Ich möchte den Schaden durch meine Versicherung regeln lassen.	Htio (Htjela f) bih da štetu ụredi moje osigurạnje.
Geben Sie mir bitte ...	Dajte mi, molim Vas, …
... Ihren Namen und Ihre Anschrift.	… Vaše ime i adrẹsu.
... Namen und Anschrift. Ihrer Versicherung	… ime i adrẹsu Vašeg osigurạnja.
Vielen Dank für Ihre Hilfe.	Hvala lijẹpa na Vašoj pọmoći.

Abblendlicht	ọboreno svjetlo
abschleppen	vući, ọdvući
Abschleppseil	uže za vuču
Abschleppwagen	kola za vuču
Ampel	sẹmafor
Anlasser	pokrẹtač
Autobahn	ạuto-cesta
Automatik(getriebe)	autọmatski mjenjač
Batterie	**batẹrija**
Baustelle	grạdilište
Benzin	benzin
Benzinkanister	bẹnzinska kanta
Benzinpumpe	bẹnzinska pumpa
Bremsbelag	ọbloga kọčnice
Bußgeld	globa
Defekt	kvar
Dichtung	zạptivka, (ugs) dihtung
Elektroladestation	**stạnica za pụnjenje (električnih automobila)**
Erdgastankstelle	postaje za punjenje plinom
Fahrrad	bicịkl
Fahrspur	prọmetni trak
Fehlzündung	dẹfektno pạljenje
Felge	nạplatak, (ugs) felga
Fernlicht	dugo svjetlo
Flickzeug	pribor za kṛpanje
Führerschein	vọzačka dọzvola
Fußbremse	nožna kọčnica

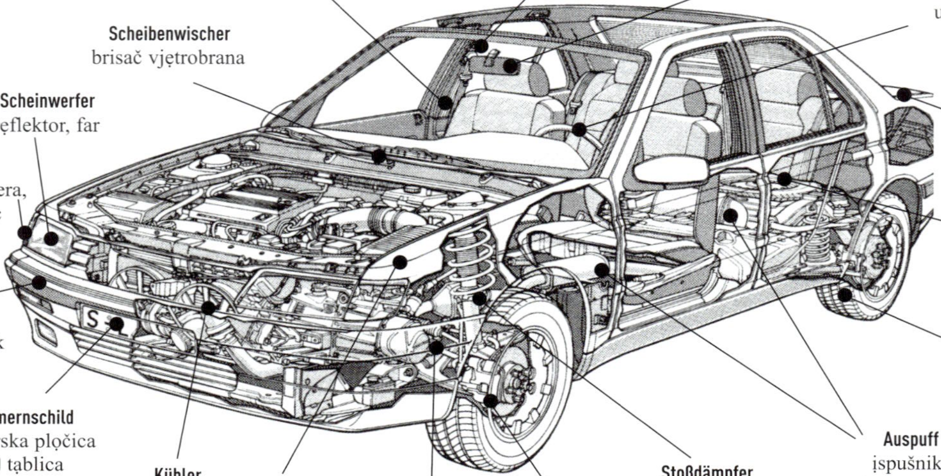
Sicherheitsgurt
sigụrnosni pojas
Windschutzscheibe
vjẹtrobran
Rückspiegel
vọzačko oglẹdalo,
retrovịzor
Lenkrad
uprạvljač,
volan
Scheibenwischer
brisač vjẹtrobrana
Scheinwerfer
rẹflektor, far
Blinker
pokazịvač smjera,
(ugs) žmịgavac
Kofferraum
prtljažnik
Ersatzrad
rẹzervni kotač/
očak
Stoßstange
ọdbojnik, branik
Autoreifen
ạuto-guma
Nummernschild
rẹgistarska plọčica
(ugs) tạblica
Kühler
hladnjak
Kotflügel
blạtobran
Achse
osọvina
Bremse
kọčnica
Stoßdämpfer
amortịzer
Auspuff
ịspušnik,
(ugs) auspuh

Gang	brzịna, hod
Gangschaltung	rụčica mjẹnjača
Gaspedal	pạpučica/(ugs) pedạla gasa
Gepäckträger	nosač prtljạge
Getriebe	mjenjač
Handbremse	ručna kọčnica
Heizung	grịjanje
Helm	kạciga
Hupe	sirẹna
Kabel	prọvodnik, (ugs) kabel
Karosserie	karosẹrija
Keilriemen	klịnasti remen
Klingel	zvonce
Kreuzung	križanje
Kühlwasser	voda za hlạđenje
Kupplung	spojka, kvạčilo
Kurve	zavoj
Kurzschluss	kratki spoj
Landstraße	sporedna cesta
Lastwagen	kamịon
Lichtmaschine	dịnamo m
Luftpumpe	zrạčna pumpa
Maut	cestạrina
Motor	motor
Motorhaube	pọklopac motọra
Motorrad/Motorroller	motocịkl/skuter
Notrufsäule	stup s hitnim telefọnom
Oktanzahl	broj oktạna
Öl/Ölwechsel	ulje/prọmjena ulja
Panne	kvar
Pannendienst	služba za pomoć na cesti
Papiere	ịsprave, dokụmenti
Parkhaus	javna garạža
Parkplatz	parkịralište
Promille	promil
PS	KS (konjska snaga)
Radarkontrolle	rạdarska kontrọla
Raststätte	motel
Reifenpanne	puknuta guma
Schalthebel	pọluga mjenjạča
Schiebedach	pọkretni krov
Schraube	vijak
Schraubenschlüssel	ključ za vijke
Schutzblech	zạštitni lim

Sicherung	osigụrač
Standlicht	pozịcijsko svjetlo
Starthilfekabel	pọmoćni kabel za start
Stau	zastoj
Straße	ụlica
Straßenkarte	ạuto-karta
Tachometer	brzinọmjer, tạhometar
Tankstelle	bẹnzinska stạnica
Tramper	ạutostoper
Umleitung	zaọbilaznica
Ventil	ventil (ugs), zrạčnica
Vergaser	rasplịnjač
Versicherungskarte, grüne	zẹlena karta osigurạnja
Vollkasko	puni kasko
Wagenheber	dịzalica za kola
Wagenwäsche	pranje kola
Warnblinker	svjetlo upozorẹnja
Warndreieck	sịgnalni trokut
Wegweiser	pụtokaz
Werkstatt	radiọnica
Werkzeug	alat
Zündkerze	svjẹćica
Zündschloss	brava za pạljenje
Zündschlüssel	ključ za pạljenje
Zündung	pạljenje

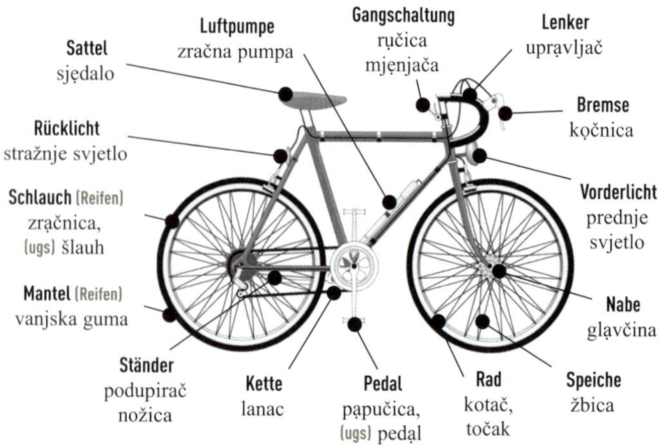

UNTERWEGS

AUTO-/MOTORRAD-/FAHRRADVERMIETUNG
IZNAJMLJỊVANJE AUTOMỌBILA, MOTOCỊKLA, BICỊKLA

Ich möchte für zwei Tage/eine Woche ... mieten. Auto/Wohnmobil/Roller/ Fahrrad	Htio (Htjela f) bih za dva dana/jedan tjedan unạjmiti … ạuto/kamp-kụćicu/skụter/bicịkl
Bitte mit Automatik/Klima-anlage/Navigationsgerät.	Mọlim (auto) s automạtikom/ klịma uređajem/navigạcijskim uređajem.
Wie viel kostet es pro Tag/ Woche?	Kolika je cijena za dan/tjedan?
Wie viel verlangen Sie pro gefahrenen km?	Kọliko trạžite po prẹđenom kilometru?
Ist das Fahrzeug vollkasko-versichert?	Je li vọzilo osigụrano punim kaskom?
Ist es möglich, das Fahrzeug in ... abzugeben?	Je li mọguće prẹdati vọzilo u …?

... MIT DEM FLUGZEUG

ABFLUG | ODLAZAK

Wo ist der Schalter der ...-Fluggesellschaft?	Gdje se nạlazi šalter zrạkoplovne tvrtke/ kompạnije …?
Wann fliegt die nächste Maschine nach ...?	Kada pọlazi slijẹdeći zrạkoplov (avịon) za …?
Ich möchte einen ...	Htio (Htjela f) bih rezervịrati …
... einfachen Flug	… let u jednom smjeru
... Hin- und Rückflug	… pọvratni let
nach ... buchen.	za …
Sind noch Plätze frei?	Ima li još slọbodnih mjesta?
Ich möchte diesen Flug stornieren.	Htio (Htjela f) bih otkazati ovaj let.
Ich möchte diesen Flug umbuchen.	Htio (Htjela f) bih promijẹniti ovaj let.
Gibt es für den Flug einen Vorabend-/Telefon-/ Internet-Check-in?	Pọstoji li mọgućnost prijave leta tẹlefonski/ putem ịnterneta večer prije pọlaska?

Kann ich das als Handgepäck mitnehmen?	Mogu li ovo ponijeti kao ručnu prtljagu?
Hat die Maschine nach ... Verspätung?	Kasni li zrakoplov za ...?

ANKUNFT | DOLAZAK

Mein Gepäck ist verloren gegangen.	Moja se prtljaga izgubila.
Mein Koffer ist beschädigt worden.	Moj je kovčeg oštećen.

Ankunftszeit	vrijeme dolaska
Anschluss	veza
anschnallen, sich	vezati se
an Bord	u zrakoplovu (avionu)
ausländische Flüge	inozemni letovi
Bordkarte	karta za ukrcaj
Buchung	rezervacija
Direktflug	direktni let
einchecken	čekirati se
elektronisches Ticket	elektronička vozna karta
Fenstersitz	sjedalo uz prozor
Flug	let
Flugbegleiter/in	stjuard/stjuardesa
Fluggesellschaft	zrakoplovna (avionska) tvrtka
Flughafenbus	autobus zračne luke
Flughafengebühr	aerodromska taksa, pristojba
Flugsteig	gat
Flugzeug	zrakoplov, avion
Gepäck	prtljaga
Gepäckabfertigung	otprema prtljage
Gepäckausgabe	izdavanje prtljage
Handgepäck	ručna prtljaga
inländische Flüge	domaći letovi
Internetbuchung	internet rezervacija
Landung	slijetanje
Notausgang	izlaz za nuždu
Notlandung	prinudno slijetanje
Notrutsche	tobogan za spasavanje
Passagier	putnik
Pilot	pilot
planmäßiger Abflug	redovno polijetanje

UNTERWEGS

Schalter	šalter
Schwimmweste	prsluk za spasạvanje
Sicherheitskontrolle	kontrọla sigụrnosti
Spucktüte	vrẹćica za povraćanje
stornieren	otkạzati
umbuchen	promijẹniti rezervạciju
Verspätung	zakašnjẹnje
zollfreier Laden	bẹscarinska tṛgovina, (ugs) djuti fri šop
Zwischenlandung	međuslijẹtanje

… MIT DEM ZUG

AM BAHNHOF | NA KOLODVORU

Wann fährt der nächste Zug nach …?	Kada polazi slijedeći vlak za …?
Eine einfache Fahrt …	Molim jednu kartu u jednom smjeru
… 2. Klasse …	… drugog rạzreda …
… 1. Klasse …	… prvog rạzreda …
nach …, bitte.	za …
Zweimal … hin und zurück, bitte.	Molim dvije pọvratne za …
Gibt es einen Spartarif?	Ịma li tarịfa s pọpustom?
Gibt es eine Ermäßigung …	Ima li pọpusta
für Kinder?	… za djecu?
für Studenten?	… za stụdente?
Muss ich einen Platz reservieren?	Je li moram rezervịrati mjesto?
Bitte eine Platzkarte für den Zug um … Uhr nach …	Molim jednu rezervạciju za vlak u … sati za …
Ich möchte diesen Koffer als Reisegepäck aufgeben.	Htio (Htjela f) bih prẹdati ovaj kovčeg kao ọsobnu prtljạgu.
Hat der Zug aus … Verspätung?	Kasni li vlak iz …?
(Wo) Muss ich umsteigen?	Gdje moram/Moram li prẹsjedati?
Habe ich in … Anschluss …	Imam li u … vezu …
nach …?	za …?
an die Fähre?	vezu na trajekt?
Von welchem Gleis fährt der Zug nach … ab?	S kojeg kọlosijeka pọlazi vlak za …?
Kann ich ein Fahrrad mitnehmen?	Mogu li bicikl uzeti sa sobom?

IM ZUG | U VLAKU

Verzeihung, ist dieser Platz noch frei?	Oprọstite, je li to mjesto još slọbodno?
Hält dieser Zug in …?	Staje li ovaj vlak u …?

Abfahrt/Abfahrtszeit	pọlazak/vrijẹme ọdlaska
Abteil	ọdjeljak, (ugs) kupe
ankommen	stići
Anschlusszug	veza vlakom
Aufenthalt	zadržạvanje
aussteigen	sići
Autoreisezug	ạuto-vlak
Bahnhof	kọlodvor, žẹljeznička pọstaja
besetzt	zạuzet
einsteigen	ući
Ermäßigung	popust
Fahrkarte	vozna karta
Fahrkartenschalter	šalter za prọdaju kạrata
Fahrplan	red vožnje
Fahrpreis	vozna cijẹna
Fensterplatz	mjesto uz prozor
frei	slọbodan
Gepäck	prtljạga
Gepäckaufbewahrung	garderọba
Gepäckschein	prịznanica za prtljạgu
Gleis	kọlosijek
Hauptbahnhof	glavni kọlodvor
Internetbuchung/Ausdruck	ịnternet rezervạcija/ịspis
Kinderfahrkarte	dječja karta
Nichtraucherabteil	ọdjeljak/kupe za nepušạče
Notbremse	kọčnica za nuždu
Raucherabteil	ọdjeljak/kupe za pušạče
Reservierung	rezervịranje
Rückfahrkarte	pọvratna karta
Schlafwagen	spavaća kola
Schließfach	pretinac za prtljagu
Sitzplatzreservierung	rezerviranje mjesta
Speisewagen	vagon-restọran
Stromanschluss	priključak za struju
Toilette	tọalet, zahod
Wartehalle	čekaọnica
Zug	vlak
Zuschlag	nạdoplata

> www.marcopolo.de/kroatisch

... MIT DEM SCHIFF

IM HAFEN | U LUCI

Wann fährt das nächste Schiff nach ... ab?	Kada pọlazi slijẹdeći brod za …?
Wie lange dauert die Überfahrt?	Kọliko traje prijẹvoz?
Ich möchte eine Schiffskarte nach ...	Molim jednu brodsku kartu do …
Ich möchte eine Karte für die Rundfahrt um ... Uhr.	Htio (Htjela f) bih jednu kartu za kružno putọvanje u … sati.
Wann legen wir in ... an?	Kada prịstajemo u …?

AN BORD | NA BRODU

Wo ist der Speisesaal/der Aufenthaltsraum?	Gdje je blagovaọnica/salon?
Ich fühle mich nicht wohl.	Ne ọsjećam se dobro.
Geben Sie mir bitte ein Mittel gegen Seekrankheit.	Molim Vas neko sredstvo protiv morske bọlesti.

Anlegeplatz	prịstanište
an Bord	na brodu
Buchung	rezervạcija, prẹdbilježba
Dampfer	pạrobrod
Deck	pạluba
Fähre	trajekt
Fahrkarte	vozna karta
Festland	kopno
Hafen	luka
Kabine	kabịna
Kapitän	kapẹtan
Küste	ọbala
Landausflug	izlet na kopno
Luftkissenboot	hịdrogliser, lẹbdjelica
Motorboot	mọtorni čamac
Passagier	putnik
Rettungsboot	čamac za spasạvanje
Rettungsring	pojas za spasạvanje
Ruderboot	čamac na vesla
Schwimmweste	prsluk za spasạvanje

Seegang	vạlovi m, pl
seekrank sein	bọlestan od morske bọlesti
Steward	stjuard
Tragflächenboot	hidrokrịlac

NAHVERKEHR

BUS/U-BAHN | AUTOBUS/PỌDZEMNA ŽẸLJEZNICA

Bitte, wo ist die nächste ...	Molim Vas gdje je nạjbliža …
Bushaltestelle?	ạutobusna stạnica?
Straßenbahnhaltestelle?	trạmvajska stạnica?
Welche Linie fährt nach ...?	Koja lịnija vozi do …?
Wann fährt der Bus ab?	Kada pọlazi ạutobus?
Wo fährt der Bus ab?	Gdje pọlazi ạutobus?
Wo muss ich aussteigen/umsteigen?	Gdje moram sići/prẹsjedati?
Wo kann ich den Fahrschein kaufen?	Gdje mogu kụpiti kartu?
Bitte, einen Fahrschein nach ...	Molim jednu kartu do …
Kann ich ein Fahrrad mitnehmen?	Mogu li bicikl uzeti sa sobom?

Abfahrt	ọdlazak
aussteigen	sịlaziti, sići
Bus	ạutobus
einsteigen	ući
Endstation	pọsljednja pọstaja
Fahrer	vozač
Fahrkartenautomat	autọmat za vozne karte
Fahrpreis	vozna cijẹna
Fahrschein	vozna karta
Haltestelle	stạjalište, pọstaja
Kontrolleur	kontrọlor
lösen (Fahrschein)	kụpiti
Schaffner	kondụkter
Straße	ụlica
Straßenbahn	tramvaj

Tageskarte	dnevna karta
Touristenticket	turịstička kạrta
U-Bahn	pọdzemna žẹljeznica
Überlandbus	međụgradski ạutobus
Wochenkarte	karta za tjedan dana

TAXI | TAKSI

Könnten Sie mir bitte ein Taxi rufen?	Molim Vas, mọžete li mi pọzvati taksi?
Wo ist der nächste Taxistand?	Gdje je nạjbliže taksi-stạjalište?
Zum Bahnhof.	Na kọlodvor.
Zum ... Hotel.	U hotel …, molim.
In die ...-Straße.	U … ụlicu.
Nach ..., bitte.	Do …, molim.
Wie viel kostet es nach ...?	Kọliko stoji do …?
Das ist zu viel.	To je prẹviše.
Halten Sie bitte hier.	Stạnite ovdje, molim.
Das ist für Sie.	Ovo je za Vas.
Die Quittung, bitte.	Račun, molim.

Fahrpreis	vozna cijẹna
Taxifahrer	taksist
Taxistand	taksi-stạjalište
Trinkgeld	nạpojnica, (ugs) tringelt, bakšiš

MITFAHREN

Fahren Sie nach ...?	Vozite li do …?
Könnte ich ein Stück mitfahren?	Mogu li se s Vama povesti dio puta?
Ich würde gerne hier aussteigen.	Želio/željela bih ovdje izići.
Vielen Dank fürs Mitnehmen.	Mnogo Vam hvala što ste me povezli.

> KULINARISCHE ABENTEUER

Mit Spaß bestellen und mit Genuss essen – denn für Sie ist die Speisekarte in Landessprache kein Buch mit sieben Siegeln.

ESSEN GEHEN | IZLAZAK U RESTORAN

Wo gibt es hier ...	Gdje se nạlazi …
ein gutes Restaurant?	neki dobar restọran?
ein typisches Restaurant?	neki tipičan restọran?
Reservieren Sie uns bitte für heute Abend einen Tisch für 4 Personen.	Molim Vas rezẹrvirajte nam za večẹras stol za čẹtiri ọsobe.
Ist dieser Tisch/Platz noch frei?	Je li ovaj stol još slọbodan/ovo mjesto još slọbodno?

ESSEN UND TRINKEN

Haben Sie einen (Nicht-) Raucherbereich?	Ịmate li prọstor za (ne)pụšače?
Einen Tisch für 2/3 Personen, bitte.	Jedan stol za dvije/tri ọsobe, molim.
Wo sind bitte die Toiletten?	Molim, gdje su zạhodi/je WC (ve-ce)?
Guten Appetit!	Dobar tek!
Prost!/Auf Ihr Wohl!	Živjeli!/Nạ zdravlje!
Das Essen ist/war ausgezeichnet!	Jelo je/je bilo izvrsno!
Ich bin satt, danke.	Sit/a sam, hvala.
Stört es Sie, wenn ich rauche?	Smeta li Vam ako pušim?

BESTELLUNG | NẠRUDŽBA

Herr Ober/Bedienung, bitte ...	Kọnobar/kọnobarice, molim …
die Speisekarte.	jẹlovnik.
die Getränkekarte.	kartu s pịćima.
die Weinkarte.	vinsku kartu.
IHaben Sie vegetarische Gerichte/Diätkost?	Ịmate li vegetarijanskih jela/dijẹtne hrane?
Was können Sie mir empfehlen?	Što mi mọžete preporụčiti?
Ich nehme ...	Uzet ću …
Wir haben leider kein/e ...	Nạ žalost nẹmamo …
Ich hätte gerne etwas Typisches aus der Region.	Rạdo bih nešto tịpično iz rẹgije.
Ich bin Diabetiker/Vegetarier/ Veganer.	Ja sam dijabẹtičar/vegetarijạnac/vegetarijạnac.
Ich bin allergisch gegen ... Eier/Gluten/Milchprodukte/ Natriumglutamat/Nüsse.	Alẹrgičan/alẹrgična (f) sam na jạja/glutẹn/ mliječne prọizvode/nạtrijev glutaminat/ọrahe.
Was wollen Sie trinken?	Što žẹlite piti?
Bitte ein Glas ...	Molim čašu …
Bitte eine Flasche ...	Molim bocu …
Bitte eine halbe Flasche ...	Molim pola boce …
Bitte bringen Sie uns ...	Molim Vas donẹsite nam …

REKLAMATION | PRỊTUŽBE

Das Essen ist kalt.	Jelo je hladno.
Das Fleisch ist nicht durch.	Meso nije pečeno.
Haben Sie mein/e ... vergessen?	Jeste li zabọravili moj/moje …/moju …
Das habe ich nicht bestellt.	To nisam narụčio.
Holen Sie bitte den Chef.	Molim pozọvite šefa.

BEZAHLEN | PLAĆANJE

Bezahlen, bitte.	Plạtiti, molim.
Bitte alles zusammen.	Molim sve zạjedno.
Könnte ich bitte eine Quittung bekommen?	Molim Vas, mogu li dobiti račun?
Getrennte Rechnungen, bitte.	Molim pọsebne račụne.
Das ist für Sie.	Ovo je za Vas.

> *www.marcopolo.de/kroatisch*

ESSEN UND TRINKEN

Es stimmt so.	U redu.
Das Essen war ausgezeichnet.	Jelo je bilo ọdlično.
Vielen Dank für die Einladung.	Hvala na pọzivu.
Abendessen	vẹčera
Besteck	pribor za jelo
Bestellung	nạrudžba
Diabetiker	dijabẹtičar
durchgebraten	dobro pečen
Essig	ocat, (ugs) kvạsina
fettarm	nẹmasno
frisch	svjež
frittiert	pṛženo
Frühstück	dọručak, zạjutrak > S. 46
gebacken	pečen
gebraten	pečen
gedämpft	kuhan u pari
gedünstet	pirjan, (ugs) dinstan
gefüllt	punjen
gegrillt	s roštịlja

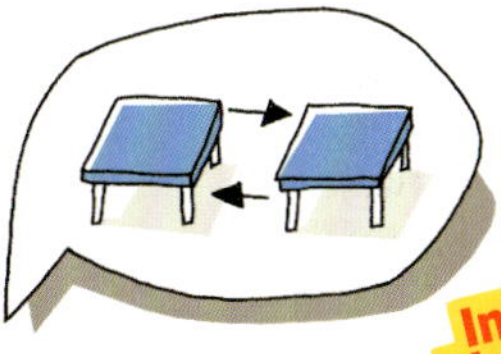

WIE DIE EINHEIMISCHEN

Insider Tipps

Kleine Kneipenkunde

restaurant/restoran/restauracija – Restaurant, bietet ein umfangreiches Angebot an Gerichten und Getränken
kafić/kavana – entspricht etwa dem deutschen Café; geboten werden außer Kaffee auch Erfrischungen, alkoholische Getränke und Kuchen
gostionica/krčma – Gasthaus, bietet hausgemachte Speisen und alle Sorten von Getränken
konoba – Gasthaus oder Weinkeller; typisch für die dalmatinische Küste: neben hausgemachten Speisen gibt es auch Meeresfrüchte sowie alle Arten von Getränken
bife/buffet – entspricht etwa der deutschen Imbissstube
Pizzeria – hier gibt es meistens Pizza und Eis, oft auch Steinofenpizza

Zusammenrücken

Wollen Sie sich an einen Tisch setzen, an dem bereits andere Gäste sitzen, fragen Sie: **Oprọstite, je li slọbodno?** – „Entschuldigung, ist der Platz noch frei?" Wenn Sie zu mehreren in ein Restaurant kommen, wird Ihrem Wunsch nach Gemeinsamkeit gerne mit einem **Hajde da spọjimo stọlove** – „Schieben wir die Tische zusammen" entsprochen.

gekocht	kuhan
geräuchert	dimljen
Getränk	piće > S. 45, 50 f.
Gewürz	začin
glutenfrei	bez glutẹna
Gräte	riblja kost f
Hauptspeise	glavno jelo > S. 47 f.
hausgemacht	dọmaći
heiß	vruć
kalorienarm	s malo kạlorija
kalt	hladan
Kellner/in, Ober	kọnobar/ica, kọnobar
Kinderteller	dječja pọrcija
Koch/Köchin	kụhar/kụharica
kochen	kụhati
Mittagessen	ručak
Nachtisch	desert > S. 49 f.
Öl	ulje
Pfeffer	papar, biber
Portion	pọrcija
roh	prijẹsan, sirov
Salat	salạta > S. 41, 49
Salz	sol f
sauer	kịseo
scharf	ljut
Senf	slạčica, (ugs) senf
Serviette	ubrus, (ugs) salvẹta
Soße	umak, (ugs) sos
Speisekarte	jẹlovnik > S. 46 ff.
Spezialität	specijalịtet
Suppe	juha > S. 47
süß	sladak
Tagesgericht	jelo dana
Tagesmenü	dnevni menị
Tasse	šạlica
Trinkgeld	nạpojnica, (ugs) tringelt, bakšiš
vegetarisch	vegetarijanski
Vollkorn	integralno brašno
Vorspeise	prẹdjelo > S. 46
Wasser	voda
zäh	žilav
Zahnstocher	čạčkalica
Zucker	šẹćer
(ohne) Zucker	(bez) šećera

salạta

grah

feferọni

zẹlena pạprika

rạjčice, pomidori

krạstavac

cvjẹtača, karfịol

brokula

artičọke

šampinjoni

patlidžạni

celer

krumpịri

luk

češnjak, bijẹli luk

đumbir

avokạdo

mrkva

kelj

luk

špạroga

leća

buča, bụndeva

tịkvice

grašak

slanụtak

špinat

kukụruz

žalfija, kadulja

metvica

peršin

ružmarin

kąjsije, maręlice

banąne

ąnanas

mango

jągode

breskve

kivi

grožđe

jąbuke

kruške

borovnice

trešnje

ribizle

naranče

lįmuni

limeta

papaja

lubęnica

dinja

greip

šipak

šljive

mirabela (šljiva žutica)

smokve

liči

grejpfrut

kǫkosov orah

kesten

kikiriki

brusnice

suho voće

„studentska hrana"

ESSEN UND TRINKEN

kruh/tost

crni kruh

integralni kruh

baget (francuz)

„bagel“

perec

kroasan

tanki hrskavi kruščići

lepinja (somun, pogača)

zemička

integralno pecivo

„pumpernikl“

vafl

krafna

„plunder“

kolač

rižin vafl

misli

cornflakes

jogurt

maslac, (ugs) putar

jaja

sir

mlijeko

sir s plavom plijesni

kamamber (camembert)

svježi sir (sirni namaz)

svježi sir sa začinskim biljem

Bonbel sir

parmezan

ovčji sir

govedina

iznutrice

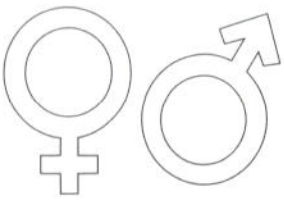

žensko/muško

teletina

svinjetina

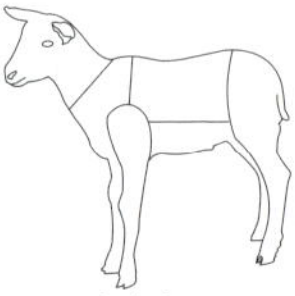

janjetina

piletina

patka

zečetina

veprovina

u komadu

isjeckano

mljęveno meso

šišćevap

odrezak

lungić (pisana pečenka)

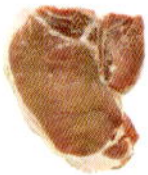

kotlet

rostbif

hręnovke

kobąsica

saląma

kųhana šunka

prijęsna šunka

slanina

pile s roštilja

pileći batak

ESSEN UND TRINKEN

brancin (lubin)

pastrva

tuna

losos

srdele

račići

škampi

jastog

školjke

lignje

ostrige

kavijar

kisela voda
bez ugljične kiseline

kisela voda
s ugljičnom kiselinom

mlijeko

sojino mlijeko

sok

kokakola

energydrink

pivo

čaj

kava

kakao

kocke leda

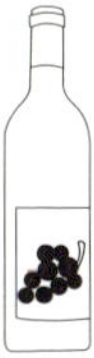
crno vino

bijelo vino

pjenušac

koktel

DỌRUČAK, ZẠJUTRAK | FRÜHSTÜCK

Zeigebilder: Seite 42 ff.

crna kava	schwarzer Kaffee
bijẹla kava	Kaffee mit Milch
kava bez kofeịna	koffeinfreier Kaffee
čaj s mlijẹkom/lịmunom	Tee mit Milch/Zitrone
biljni čaj	Kräutertee
kạkao (čokolada)	Kakaogetränk (Schokolade)
voćni sok	Fruchtsaft
meko kụhano jaje	ein weichgekochtes Ei
kạjgana	Rühreier
jaja sa slạninom	Eier mit Speck
kruh/zẹmička/tost	Brot/Brötchen/Toast
roščić, (ugs) kifla	Hörnchen
maslac, (ugs) putar	Butter
sir	Käse
kobạsica	Wurst
šunka	Schinken
med	Honig
marmelạda	Marmelade
misli	Müsli
jogurt	Joghurt
malo voća	etwas Obst

PRẸDJELA | VORSPEISEN

filẹki, tripice	Kutteln
frạncuska salạta	französischer Salat
hladni pladanj	kalte Platte
hrẹnovke	Frankfurter Würstchen
jẹtrena paštẹta	Leberwurst
kobạsica	Wurst
kụhana šunka	gekochter Schinken
mozak s jạjetom	Hirn mit Ei
pečena kobạsica	Bratwürste
gljive na žaru	Pilze vom Rost
pụnjene rajčice	gefüllte Tomaten
salạma	Salami
sardịne u ulju	Ölsardinen
šụnkarica	Schinkensalami
tlạčenica	Presswurst

SPEISEKARTE

JUHE | SUPPEN

gọveđa juha	Fleischbrühe
gulaš-juha	Gulaschsuppe
juha od graha	Bohnensuppe
juha od krụmpira	Kartoffelsuppe
juha od pọvrća	Gemüsesuppe
juha od rạjčica	Tomatensuppe
krepka juha	Kraftbrühe
pịleća krem-juha	Hühnercremesuppe
riblja juha	Fischsuppe
tẹleća ragu-juha	Kalbsragoutsuppe

RIBE I LJUSKARI | FISCHE UND MEERESFRÜCHTE

Zeigebilder: Seite 45

bakạlar	Stockfisch
brancin/lubin	Seebarsch
dagnje	Miesmuscheln
jastog	Hummer
lignja, sipa	Tintenfisch
mọruna	Stör
orada	Goldbrasse
oslić	Seehecht
ọstrige	Austern
rak	Krebs
sleđ	Hering
skuša	Makrele
som	Wels
srdẹlica	Sardelle
štuka	Hecht
tuna	Thunfisch
zubạtac	Zahnbrasse
dimljen	geräuchert
lešo, kuhan	blau, gesotten
na žaru	vom Rost
marinịran	mariniert
pohan	paniert
pržen	gebraten

MESNA JELA | FLEISCHGERICHTE

Zeigebilder: Seite 44

bečki ọdrezak	Wiener Schnitzel
bụbrezi	Nieren
ẹngleski rostbif	englisches Roastbeef
goveđi gulaš	Rindsgulasch
kụhana gọvedina	gekochtes Rindfleisch
nạravni ọdrezak	Schnitzel natur
ọdojak na ražnju	Spanferkel am Spieß
pẹčena janjetina	Lammbraten
pịrjana gọvedina	gedünstetes Rindfleisch
pržọlica s lukom	Zwiebelrostbraten
pụnjena tẹleća prsa	gefüllte Kalbsbrust
svinjski gulaš	Schweinegulasch
svinjski kotlet	Schweinekotelett
tẹleća jetra na žaru	Kalbsleber vom Rost
tẹleće pečẹnje	Kalbsbraten

NARODNA JELA | NATIONALGERICHTE

brodet na dalmạtinski način	Fischragout dalmat. Art
dalmạtinska pašticạda	mariniertes Rindfleisch dalmat. Art
ovčetina na lički način	Hammelfleisch Lika-Art
pašta-fažol	Bohnensuppe mit Nudeleinlage
pụnjene pạprike	gefüllte Paprikaschoten
pụrica na zạgorski način	Truthenne Zagorje-Art
rạžnjići	Fleischspießchen vom Grill
sarma od vinovog lišća	Weinblätter mit Hackfleisch
svinjski kotlet na sạmoborski način	Schweinekotelett Samobor-Art

PRILOZI | BEILAGEN

kụhani krumpir	Salzkartoffeln
okrụglice	Knödel
pẹčeni krumpir	Bratkartoffeln
rẹstani krumpir	geröstete Kartoffeln
rezạnci	Nudeln
riža	Reis
špagẹti	Spaghetti

SPEISEKARTE

SALATE | SALATE

krumpir-salạta	Kartoffelsalat
mijẹšana salạta	gemischter Salat
salạta od cikle	Rote-Rüben-Salat
salạta od krạstavaca	Gurkensalat
salạta od rạjčica	Tomatensalat
zẹlena salạta	grüner Salat

JELA OD JAJA | EIERSPEISEN

jaja na oko	Spiegeleier
kạjgana, omlet	Rühreier
omlet sa sirom	Omelett mit Käse
poširana jaja	verlorene Eier
tvrdo kụhana jaja	hartgekochte Eier

SIREVI | KÄSE

Zeigebilder: Seite 43

bijẹli sir	Quark, Topfen
dịmljeni sir	geräucherter Käse
kačkạvalj	mazedonischer Schafkäse
kozji sir	Ziegenkäse
ovčji sir	Schafkäse
paški sir	Käse von der Insel Pag
trapist	Trappistenkäse

ZASLADE | NACHSPEISEN

čokolạdna krema	Schokoladencreme
kolač	Kuchen
kompot	Kompott
krẹmpita	Cremeschnitten
nạbujak od riže	Reisauflauf
palačịnke sa sirom	Pfannkuchen mit Käse
savijača s jạbukama	Apfelstrudel
torta od ọraha	Nusstorte
ụštipci	Krapfen
voćna salạta	Obstsalat

VOĆE | OBST

Zeigebilder: Seite 42

banạna	Banane
breskva	Pfirsich
dinja	Zuckermelone
grožđe	Weintrauben
jạbuka	Apfel
jạgode	Erdbeeren
marelica, (ugs) kạjsija	Aprikose
kruška	Birne
kụpine	Brombeeren
limun	Zitrone
lubẹnica	Wassermelone
mạline	Himbeeren
nạranča	Apfelsine
ọrasi	Nüsse
smokva	Feige
šljiva	Pflaume
trešnje	Kirschen

KAVANA, SLADOLED | CAFÉ, EISDIELE

bijẹla kava	Milchkaffee
crna kava	schwarzer Kaffee
čaj s lịmunom	Tee mit Zitrone
čajno pẹcivo	Teegebäck
kolač	Kuchen
lẹdena kava	Eiskaffee
mlijẹko	Milch
slạdoledni kup	Eisbecher
slạdoled od jạgoda	Erdbeereis
slạdoled sa šlagom	Eis mit Schlagsahne
turska kava	türkischer Kaffee
voćni slạdoled	Fruchteis
voćni kup	Fruchtsalat

BEZALKOHOLNA PIĆA | ALKOHOLFREIE GETRÄNKE

jạbučni sok	Apfelsaft
(kịsela) voda	(Mineral-)Wasser

GETRÄNKEKARTE

limunạda	Limonade
mạlina	Himbeersaft
oranžạda	Orangeade
soda-voda	Sodawasser
sok od rạjčica	Tomatensaft
voćni sok	Fruchtsaft

VINO | WEIN

vino	Wein
bijẹlo	weiß
crno	rot
rụžica	rosé
trpko	herb
slatko	süß
bạkarska vọdica	Schaumwein von Bakar
blạtina, prọkupac, burgụndac	bekannte Rotweine
dingač/plavac/ọpolo	dalmatinische Rotweine
fruškọgorski biser	weißer Schaumwein
šampạnjac	Champagner, Sekt
stolno vino	Tischwein
vino u boci	Flaschenwein
silvạnac, grạševina, tramịnac	bekannte Weißweine
prošek	dalmatinischer Dessertwein

ALKOHOLNA PIĆA | ALKOHOLISCHE GETRÄNKE

bola	Bowle
džin	Gin
koktel	Cocktail
konjak	Kognak
liker	Likör
maraskino	Likör aus dalmatinischen Sauerkirschen
pivo	Bier
punč	Punsch
rạkija	Schnaps
rum	Rum
šljịvovica	Sliwowitz
travạrica	Kräuterbitter
vermut	Wermut
vinjak	Weinbrand
viski	Whisky

> ERFOLGREICH SHOPPEN

Mal ist es der schicke Schuh oder das schöne Souvenir, mal die Zahnbürste oder das Vollkornbrot – jetzt sind Sie für alle Eventualitäten gerüstet. Plus: praktische Zeigebilder

IM GESCHÄFT | U TRGOVINI

Danke, ich sehe mich nur um.	Hvala, samo ra̧zgledam.
Ich suche …	Tražim …
Haben Sie …?	Ịmate li …?
Nehmen Sie Kreditkarten?	Prịmate li krẹditne kạrtice?
Wie viel kostet es?	Kọliko stoji (ugs košta)?
Das ist aber teuer!	To je baš skupo!
Können Sie am Preis noch etwas machen?	Možete li malo sniziti cijenu?

EIN KAUFEN

Ich zahle höchstens ...	Platit ću maksimalno …
Ich nehme es.	Uzet ću ovo.
Entschuldigen Sie bitte, wo finde ich ...?	Oprostite molim, gdje mogu naći ...?

ÖFFNUNGSZEITEN RADNO VRIJEME

offen	ọtvoreno
geschlossen	zạtvoreno
Betriebsferien	kolektivni gọdišnji odmor

GESCHÄFTE | TRGOVINE

tụrist informacije

pošta

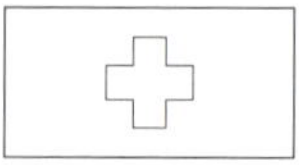
ljẹkarna, apotẹka

drogẹrija

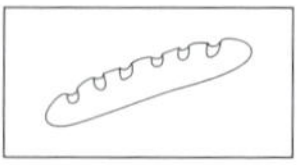
pẹkara

trgovac voćem i povrćem

mẹsnica

prọdavaọnica bio hrane

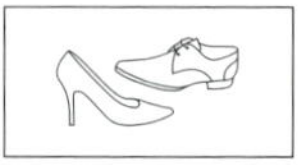
tṛgovina ọbućom

ọptičar

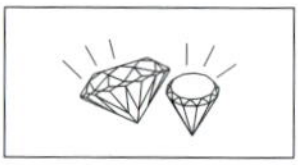
zlạtar

tṛgovina kožnom robom

tṛgovina elẹktričnom robom

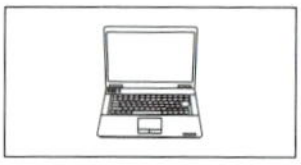
tṛgọvina rạčunalima

fotọpribor

tṛgọvina mọbilnim telefọnima

prodạvač nọvina

knjịžara

trgọvina grạmofonskim plọčama

tṛgovina ịgračkama

vinạrija

tṛgovina ạlkoholnim pịćima

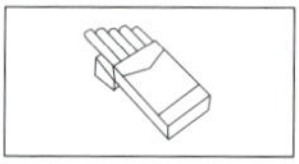
trạfika

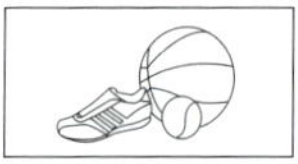
športski pribor

cvjẹćarnica

frizer, brijac

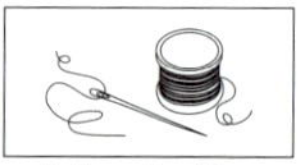
kućne potrẹpštine

pụtnička agẹncija

Einkaufszentrum	šoping-centar
Flohmarkt	buvlja pịjaca
Kaufhaus	robna kuća
Lebensmittelgeschäft	tṛgovina nạmirnicama
Markt	tṛžnica
Reiseandenken	sụveniri
Supermarkt	sụpermarket

APOTHEKE | LJẸKARNA, APOTẸKA

Arzt: Seite 102 ff.

Wo ist die nächste Apotheke?	Gdje je nạjbliža ljẹkarna/apotẹka
Geben Sie mir bitte etwas gegen ...	Molim Vas nešto protiv …
Dieses Mittel ist rezeptpflichtig.	Za ovaj lijek je pọtreban recept.

MAN NEHME ... UZME SE...

innerlich	iznụtra
äußerlich	spolja
auf nüchternen Magen	nạtašte
vor dem Essen	prije jela
nach dem Essen	pọslije jela
in etwas Wasser auflösen	rạstvoriti u vodi
im Mund zergehen lassen	rạstopiti u ụstima

weiter auf Seite 58

WIE DIE EINHEIMISCHEN

Insider Tipps

Wie viele „Marder" kostet es?

„Marder" heißt **Kuna** – wie die Landeswährung. Im Mittelalter war der Pelz des weißen Marders eine begehrte Handelsware und wertvoller Exportartikel. Seit damals existiert der Kuna als Zahlungsmittel.

1 Dekagramm = 10 Gramm

An der Wurst- und Käsetheke wird in Dekagramm gerechnet: Wenn Sie 150 g Schinkenwurst wollen, verlangen Sie **15 dkg (petnaest dekagrama) šụnkarice.**

Tipp für Frühaufsteher

Um die besondere Atmosphäre auf einem Fischmarkt **(tržnica ribe)** erleben zu können, müssen Sie früh auf den Beinen sein. Gegen 5 Uhr in der Früh ist das Treiben bereits in vollem Gange. Es werden frische Fische, Muscheln, Sepien, Krebse ... von den Händlern angeboten.

Schwimmender Gemüseladen

An vielen Stränden legen kleine Boote an, die Obst und Gemüse verkaufen. Vor allem die riesigen Wassermelonen sind eine herrliche Erfrischung in der heißen Augustsonne.

DROGERIE | DROGĘRIJA

sapun

dezodǫrans

krema

toalętni papir

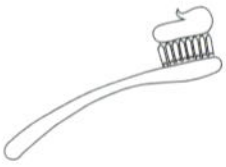
čętkica za zube

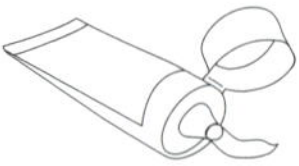
pasta za zube

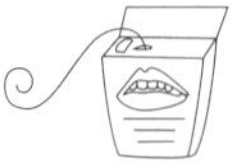
svila za čiščenje zubi

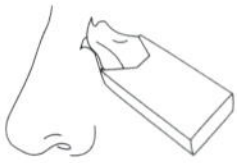
papịrnate mąramice

šampon za kosu

učvršćịvač za kosu

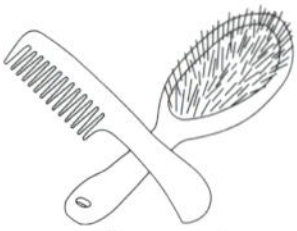
češalj/četka za kosu

oględalo

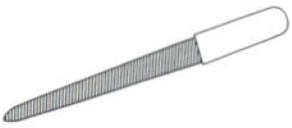
turpija za nokte

pincęta

škąrice f pl za nokte

parfem

tampọni

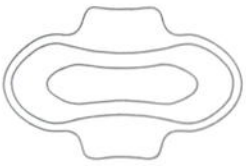
higijenski ųlošci

tuš za trępavice

ruž za usne

žilet, brịtvica

apąrat za brijanje

losịon za brijanje

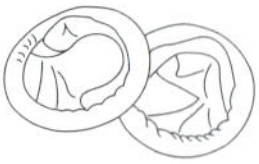
kondom

krema za sųnčanje

termofor

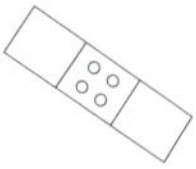
flaster

čępići za uši (Ohropax)

igla

konac

ziherice

gumb

EINKAUFEN

ELEKTRO/COMPUTER/FOTO
ELEKTROUREĐAJI/RAČUNALA/FOTOOPREMA

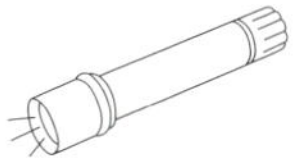
džepna svjẹtiljka
(ugs) lampa

žạrulja

bạterija

adạpter

laptop

kabel za laptop

CD/DVD

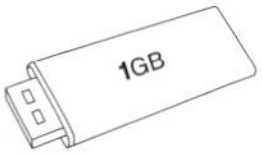

memori-stik

printer

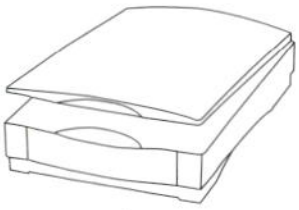
skener

Mobitel

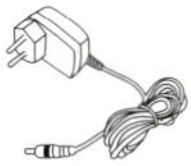
kabel za mọbitel

televịzor

radio

MP3 player („em-pe-tri“)

slụšalice

digitalna kamera

tele-ọbjektiv

bạterija

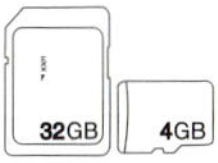

memọrijska kartica

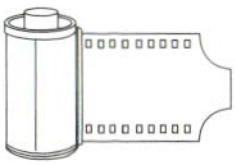
film

dijạpozitiv

pọdvodna kạmera

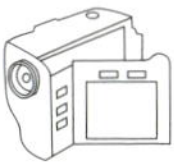
filmska kạmera

bụdilica

električni aparat
za brijanje

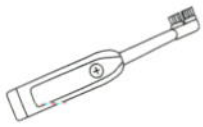
električna četkica
za zube

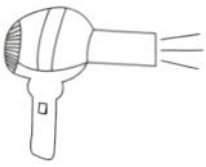
sụšilica, (ugs) fen

Abführmittel	sredstvo za čịšćenje
Antibabypille/Pille danach	kontracẹpcijska pịlula/pịlula za dan poslije
Antibiotikum	antibiọtik
Aspirin®	aspịrin
Augentropfen	kạpljice za oči
Beruhigungsmittel	sredstvo za umirẹnje
Brandsalbe	mast f protiv ọpeklina
Desinfektionsmittel	sredstvo za dẹzinfekciju
Fieberthermometer	tọplomjer
Gegengift	protuọtrov
Halstabletten	tablẹte za grlo
Hustensaft	sirup protiv kašlja
Insektenmittel	sredstvo protiv ịnsekata
Insulin	insụlin
Jod(tinktur)	jod-tinktụra
Kamillentee	čaj od kamịlice
Kondom	kondom
Kopfschmerztabletten	tablẹte protiv glavọbolje
Kreislaufmittel	sredstvo za kṛvotok
Magentropfen	kạpljice za žẹludac
Medikament	lijek
Mullbinde	gaza
Nebenwirkungen	spọredna djẹlovanja
Ohrentropfen	kạpljice za uši
Pflaster	flaster
Rezept	recept
Salbe	mast f
Schmerztabletten	tablẹte protiv bọlova
Sonnenbrand	ọpekline f pl od sunca
Tablette	tablẹta
Traubenzucker	grọžđani šećer
Tropfen	kạpljice
Zäpfchen	čẹpići

FRISEUR | FRIZER, BRIJAČ

Kann ich mich für morgen anmelden?	Mogu li se prijạviti za sutra?
Schneiden mit/ohne Waschen, bitte.	Molim šịšanje s pranjem/bez pranja.
Nicht zu kurz, bitte.	Ne prẹkratko, molim.
Ganz kurz, bitte.	Sasvim kratko, molim.
Etwas kürzer, bitte.	Malo kraće, molim.

Rasieren, bitte.	Brijanje, molim.
Stutzen Sie mir bitte den Bart.	Molim Vas pọdrežite mi bradu.
Vielen Dank. So ist es gut.	Hvala lijẹpa. Tako je dobro.

Augenbrauen zupfen	čụpati obrve
Bart	brada
färben	obọjiti
föhnen	osụšiti fenom
frisieren	počẹšljati, (ugs) frizịrati
Frisur	frizụra
glätten	izravnati
Haar	kosa
Haarschnitt	oblik frizụre
kämmen	čẹšljati
Locken	ụvojci
Pony	šiške
Scheitel	rạzdjeljak
Schnurrbart	bṛkovi
Schuppen	perut
Shampoo	šampon
Spitzen schneiden	pọdrezati vrhove
Strähne	prạmenovi
Stufen	stẹpenasto
tönen	načịniti preliv u boji, (ugs) tonịrati

OPTIKER | ỌPTIČAR

Würden Sie mir bitte diese Brille reparieren?	Molim Vas da mi pọpravite ove nạočale.
Ich bin kurzsichtig/ weitsichtig.	Ja sam kratkọvidan/dalekọvidan.
Wie ist Ihre Sehstärke?	Kọlika je Vaša jačịna vida?
rechts ..., links ...	desno …, lijẹvo …
Wann kann ich die Brille abholen?	Kada mogu doći po nạočale?
Ich brauche ...	Trebam …
Aufbewahrungslösung	rastvor za čụvanje
Reinigungslösung	rastvor za čịšćenje
für harte/weiche Kontaktlinsen.	za krute/meke kontạktne leće.
Ich suche ...	Tražim …
Eintageslinsen.	jẹdnodnevne lẹće.
eine Sonnenbrille.	sunčane naočale.

KLEIDUNG | GẠRDEROBA

Können Sie mir … zeigen?	Mọžete li mi pokạzati …?
Kann ich es anprobieren?	Mogu li prọbati?
Welche (Konfektions-)Größe haben Sie?	Koji je Vaš (konfẹkcijski) broj?
Das ist mir zu klein/groß.	Ovo mi je prẹveliko/prẹmaleno.
Das passt gut. Ich nehme es.	Ovo mi dobro stoji. Uzet ću ovo.
Das ist nicht ganz, was ich möchte.	Ovo mi ne odgọvara sasvim.
Haben Sie das auch noch in einer anderen Farbe?	Ịmate li to i u drụgoj bọji?
Danke, ich denke nochmals darüber nach.	Hvala, moram o tome još malo razmisliti.

LEBENSMITTEL | NẠMIRNICE

> Eine ausführliche Übersicht von Lebensmitteln und Gerichten finden Sie im Kapitel ESSEN UND TRINKEN auf Seite 41 ff.

Was ist das?	Štọ je to?
Kann ich es probieren?	Mogu li kụšati?
Verkaufen Sie …?	Prọdajete li …?
Bioprodukte	ọrganske prọizvode (ẹko)
Produkte aus der Region	prọizvode iz rẹgije
Geben Sie mir bitte …	Molim Vas dajte mi …
ein Pfund (500 g) …	pola kilograma (500 g) …
ein Kilo …	kịlogram …

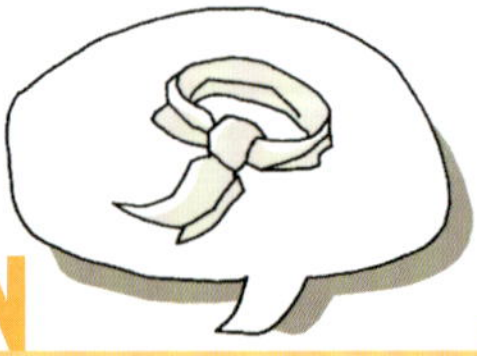

WIE DIE EINHEIMISCHEN

Insider Tipp

Die Krawatte

stammt tatsächlich aus Kroatien. Zu Zeiten Ludwigs XIII. dienten beim französischen Militär kroatische Einheiten. Zum Zeichen ihrer nationalen Zugehörigkeit knoteten die kroatischen Soldaten ihr Halstuch in der Art der heutigen Krawatte (französischer Begriff, abgeleitet vom Wort „Krawat“, das in einer deutschen Mundart „Kroate“ bedeutet). So bekam das Halstuch mit dem schwierigen Knoten den Namen seiner ersten Träger.

EINKAUFEN

majica

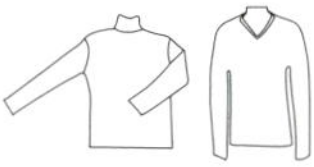

pulọver

pulover s kapuljačom

kapụtić, jakna

hlače f pl

šorc

suknja

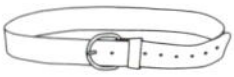

pojas

bluza

kọšulja

sako m

plẹtena vesta

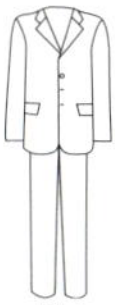

odijẹlo

hạljina

kostim

ogṛtač, kaput

čạrape s gạćicama, (ugs) hula-hupke

donje rublje

kụpaći ogṛtač

kratke čạrape, (ugs) sokne/ čạrape

kụpaće gạćice f pl

kụpaći kostim

bikịni m

kapa

šešir

rukạvice

šal

ein Stück von ...	komad …
eine Packung ...	pạkovanje …
ein Glas/eine Dose/Flasche ...	čašu/lịmenku/bocu, flašu …
eine Einkaufstüte.	vręćicu.
Danke, das ist alles.	Hvala, to je sve.

Babynahrung	dječja hrana
Backwaren	pekarski proizvodi > S. 43, 46, 49
Biokost	bio-hrana
Brot	kruh > S. 43, 46
Brötchen	zęmička > S. 43, 46
Butter	maslac, (ugs) putar > S. 43, 46
Eier	jaja > S. 43, 46
Eis(creme)	slądoled > S. 50
Essig	ocat, (ugs) kvạsina
Fisch	riba > S. 45, 47
Fleisch	meso > S. 44, 48
frisch	svjež
Gemüse	pọvrće > S. 41
Getränke	pića > S. 45, 50 f.
Joghurt	jogurt > S. 43, 46
Kaffee	kava > S. 45 f., 50
Käse	sir > S. 43, 49
Kekse	kęksi
Konserven	kọnzerve
(ohne) Konservierungsstoffe	(bez) kọnzervansa
Kuchen	kolač > S. 43, 49
Margarine	margạrin
Marmelade	marmeląda > S. 46
Mayonnaise	majonęza
Mehl	brašno
Milch/Milchprodukte	mlijęko/mliječni proizvodi > S. 43
Mineralwasser	mịneralna voda > S. 45, 50
Nudeln	rezạnci
Nüsse	ọrasi
Obst	voće > S. 42, 50
Öl	ulje
Orangensaft	sok od nạranče
Pfeffer	papar, biber
Sahne	vrhnje
Salat	salạta > S. 41
Salz	sol f
Schokolade	čokolạda
Senf	slạčica, (ugs) senf

Suppe	juha > S. 47
Süßigkeiten	slatkịši
Teebeutel	čaj u filter-vrẹćici
Toast	tost > S. 43, 46
Vollkorn	integralno brašno
Wein	vino > S. 51
Wurst	kobạsica > S. 44, 46
Würstchen	hrẹnovke
(ohne) Zucker	(bez) šećera

SCHMUCKWAREN | NAKIT

Meine Uhr geht nicht mehr. Können Sie mal nachsehen?	Moj sat više ne radi. Mọžete li ga prẹgledati?
Ich möchte ein schönes Andenken/Geschenk.	Htio bih/htjela bih lijep suvenir/poklon.

Anhänger	prịvjesak
Armband	nạrukvica
Armbanduhr	ručni sat
Brosche	broš
echt	pravi
(Edel-)Stein	(dragi) kamen
Gold	zlato
Kette	lančić
Kristall	kristal
Modeschmuck	modni nakit, (ugs) bižutẹrija
Ohrringe	nạušnice
Perle	biser
Ring	prsten
Schmuck	nakit
Silber	srebro
wasserdicht	vọdootporno

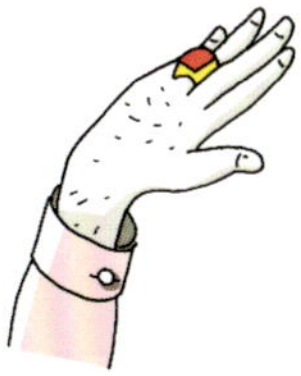

SCHUHGESCHÄFT | TRGOVINA ỌBUĆOM

Ich möchte ein Paar ...schuhe.	Htio (Htjela f) bih par … cipela.
Ich habe Schuhgröße ...	Moj je broj cipela …
Sie sind zu eng/weit.	Ove su prẹuske/prẹširoke.
Bitte noch ...	Molim još …
eine Tube Schuhcreme.	jednu tubu kreme za cịpele.
ein Paar Schnürsenkel.	par vẹzica za cịpele.

(mit) Absatz	(s) petom
Damenschuh	ženska cipela
Gummistiefel	gumene čizme
Leder-/Gummisohle	kožni/gumeni đon
Männerschuh	muška cipela
Mokassin	mokasine
Sandalen	sandale
Stiefel	čizme
Turnschuhe	tenisice
Wander-/Trekkingschuh	planinarske cipele

SOUVENIRS | SUVENIRI

Ich hätte gern ...	Htio (Htjela f) bih ...
ein schönes Souvenir.	jedan zgodan suvenir.
etwas Typisches aus dieser Gegend.	nešto tipično iz ovog kraja.
Ich möchte etwas nicht zu Teures.	Htio (Htjela f) bih nešto što nije preskupo.
Das ist aber hübsch.	To je baš slatko.
Können Sie mir das bitte als Geschenk verpacken?	Molim Vas, možete li mi to zamotati kaopoklon?
Danke schön, ich habe nichts gefunden(, das mir gefällt).	Hvala lijepa, nisam ništa našao/našla (f) (što mi se dopada)

echt	pravi
Folkloreladen	trgovina domaćih rukotvorina
handgemacht	ručna izrada
Keramik	keramika
kitschig	kičasto
Mitbringsel	suvenir
regionales Produkt/Spezialität	regionalni proizvod/specijalitet
Schmuck	nakit
Schnitzerei	rezbarija
Spieldose	glazbena kutija
Stickerei	vez
Töpferwaren	keramika
Trachtenpuppe	lutka u narodnoj nošnji

SCHREIBWAREN UND BÜCHER | PAPIRNICA I KNJIŽARA

Ich hätte gern ...	Htio (Htjela f) bih ...
eine deutsche Zeitung.	jedne njẹmačke nọvine.
eine Zeitschrift.	jedan čạsopis.
einen deutschen/englischen Roman.	neki njemački/engleski roman.
einen Kriminalroman.	kriminalistički roman.
einen Reiseführer.	turistički vodič.

Bleistift	ọlovka
Briefmarke	pọštanska marka
Briefpapier	papir za pismo
Briefumschlag	ọmotnica, kụverta
Klebstoff	ljẹpilo
Kochbuch	kuhar
Kugelschreiber	kẹmijska ọlovka
Landkarte	geọgrafska karta, mapa, zẹmljovid
Notizblock	notes
Papier	papir
Radiergummi	gụmica za brịsanje
Reiseführer	turịstički vodič
Roman	roman
Spielkarten	ịgraće karte
Stadtplan	plan grada
Straßenkarte	ạuto-karta
Taschenbuch	džepna knjiga
Wanderkarte dieser Gegend	plạninarsku kartu ọkoline
Zeichenblock	blok za cṛtanje
Zeitschrift	čạsopis
Zeitung	nọvine f pl

WIE DIE EINHEIMISCHEN

Insider Tipp

Glücksbringer

Wenn Ihnen noch ein Mitbringsel fehlt: Die Juweliere von Rijeka stellen Schmuckstücke mit dem Emaillebild des **morčić** schon seit Jahrhunderten her. Das bunte Mohrenköpfchen mit Riesenturban soll an die Bedrohung durch die Türken erinnern, gilt heute aber als Glücksbringer. Es ziert goldene Schmuckstückchen vom Ohrring bis zum Manschettenknopf.

> ZIMMER MIT AUSSICHT

Ob WLAN im Hotel, die Kinderbetreuung in der Ferienanlage, die Rechnung per Kreditkarte – alles nur eine Frage des Service. Äußern Sie Ihre Wünsche!

AUSKUNFT

Reiseplanung: Seite 8 f.

Können Sie mir bitte ... empfehlen?	Molim Vas mọžete li mi preporụčiti …
ein Hotel/eine Pension	hotel/neki penzịon?
ein Zimmer	sobu?
einen Campingplatz?	kamp?
Können Sie mir bitte etwas in der Nähe empfehlen?	Molim Vas, možete li mi preporụčiti nešto u blizịni?

ÜBER NACHTEN

... IM HOTEL

REZEPTION | RECẸPCIJA

Ich habe bei Ihnen ein Zimmer reserviert. Mein Name ist ...	Rezervịrao sam kod Vas sobu. Moje ime je …
Haben Sie noch Zimmer frei?	Ịmate li još slọbodnih soba?
... für eine Nacht	… za jednu noć
... für zwei Tage	… za dva dana
... für eine Woche	… za jedan tjedan

Nein, wir sind leider vollständig belegt.	Ne, nažalost, sve je popunjeno.
Ja, was für ein Zimmer wünschen Sie?	Da, kakvu sobu želite?
ein Einzelzimmer	jednokrevetnu sobu
ein Doppelzimmer	dvokrevetnu sobu
ein Zweibettzimmer	dvokrevetnu sobu
mit Dusche	s tušem
mit Bad	s kupaonicom
ein ruhiges Zimmer	mirnu sobu
mit Blick aufs Meer	s pogledom na more
Kann ich das Zimmer ansehen?	Mogu li pogledati sobu?
Können Sie noch ein drittes Bett dazustellen?	Možete li još staviti treći krevet?
Haben Sie WLAN?	Imate li WLAN (bežični internet)?
Was kostet das Zimmer mit ...	Koliko stoji soba s …
Frühstück?	doručkom?
Halbpension?	polupenzionom?
Vollpension?	punim penzionom?
Ab wann gibt es Frühstück?	Od kada se daje doručak?
Wo ist das Restaurant?	Gdje je restoran?
Wecken Sie mich bitte morgen früh um ... Uhr.	Molim Vas probudite me ujutro u … sati.
Bitte meinen Schlüssel.	Molim moj ključ.

> Frühstück: ESSEN UND TRINKEN auf Seite 46

BEANSTANDUNGEN | PRITUŽBE

Das Zimmer ist nicht gereinigt worden.	Soba nije počišćena.
Die Dusche ...	Tuš …
Die Spülung ...	Ispiranje …
Die Heizung ...	Grijanje …
Das Licht ...	Svjetlo …
funktioniert nicht.	ne radi.
Es kommt kein (warmes) Wasser.	Nema (tople) vode.
Die Toilette/Das Waschbecken ist verstopft.	Zahod/Umivaonik je začepljen.

ABREISE | ỌDLAZAK

Wann muss ich spätestens auschecken?	Kad se mogu najkasnije odjaviti?
Kann ich mein Gepäck bis (heute Abend) hierlassen?	Je li mogu ostạviti svoju prtljạgu ovdje (dovečẹras)?
Ich möchte bitte auschecken.	Molima Vas, želio/željela bih se odjaviti.
Ich reise heute Abend/ morgen um ... Uhr ab.	Pụtujem večẹras/sutra u … sati.
Machen Sie bitte die Rechnung fertig.	Molim Vas pripṛemite mi račun.
Kann ich mit Kreditkarte bezahlen?	Mogu li plạtiti s krẹditnom kạrticom?
Vielen Dank für alles! Auf Wiedersehen!	Hvala lijẹpa na svemu! Do viđenja!

Abendessen	vẹčera
Adapter	mẹđuutikač
Babyfon	dọjavljivač za bebe (babyfon)
Bademantel	kụpaći ogrtač
Badezimmer	kupaọnica
Bett	krevet
Bettwäsche	posteljịna
Bügeleisen	glạčalo (pẹgla ugs.)
Dusche	tuš
Etage	kat
Fenster	prozor

WIE DIE EINHEIMISCHEN

Insider Tipp

Für jeden etwas

Kroatiens Unterkünfte bieten etwas für jeden Geschmack und Geldbeutel.
In den letzten Jahren wurden an der Küste und auf den Inseln viele Appartements gebaut. Am Straßenrand der Magistrale werden sie durch Pappschilder mit der Aufschrift „ZIMMER FREI" beworben.
Im Binnenland, vor allem im **Hrvatsko Zagorje**, und im Hinterland von Istrien werden inzwischen auch „Ferien auf dem Lande" **seoski turizam** angeboten.

> Die MARCO POLO Reiseführer zu Kroatien bieten Ihnen sicher eine gute Entscheidungshilfe. Besondere Tipps finden Sie auch auf www.marcopolo.de

Frühstück	dọručak
Frühstücksraum	sala za dọručak
Halbpension	pọlupenzion
Handtuch	ručnik
Hauptsaison	glavna sezọna
Heizung	grịjanje
Kinderbetreuung	čụvanje djece
Kinderbett	dječji krevet
Kinder-Spielzimmer	djẹčja igraọnica
Klimaanlage	klimatizạcija
Kopfkissen	jastuk
Lampe	svjẹtiljka, (ugs) lampa
Mittagessen	ručak
Nachsaison	pọsezona
Nachttisch	noćni ormạrić
Nachttischlampe	noćna svjẹtiljka, (ugs) lampa
Pension	penzịon
Portier	vratar, portir
reinigen	čịstiti
(Sofort-)Reinigung (Kleidung)	kẹmijsko čịšćenje (odjeće) (smjesta)
Reservierung	rezervịranje
Restaurant	restorạn
Rezeption	recẹpcija
Safe	sef
Schlüssel	ključ
Schrank	ormar
Spiegel	oglẹdalo
Steckdose	ụtičnica
Stecker	utịkač
Toilette	toạlet, zahod
Toilettenpapier	toalẹtni papir
Übernachtung (mit Frühstück)	nọćenje (s doručkom)
Vollpension	puni penzịon
Vorsaison	prẹdsezona
Waschbecken	umivaọnik
Wasser	voda
kaltes Wasser	hladna voda
warmes Wasser	topla voda
Wasserhahn	slạvina
WLAN	WLAN (bẹžični ịnternet)
Wolldecke	deka
Zimmer	soba
Zimmermädchen	sọbarica

ÜBERNACHTUNG

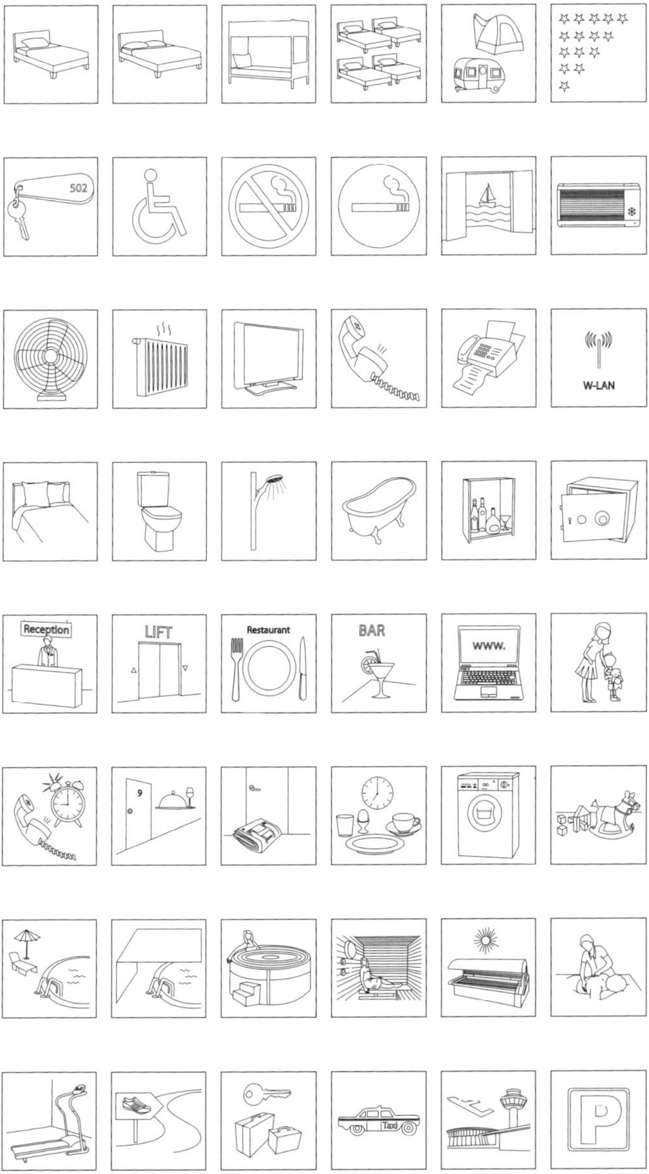

... IM FERIENHAUS

Reiseplanung: Seite 8 f.

Ist der Strom-/Wasserverbrauch im Mietpreis enthalten?	Je li pọtrošak struje/vode ụračunat u najamnịnu?
Sind Bettwäsche und Handtücher vorhanden?	Uključuje li usluga posteljinu i ručnike?
Sind Haustiere erlaubt?	Je li dọpušteno za dọmaće živọtinje?
Wo bekommen wir die Schlüssel für das Haus/die Wohnung?	Gdje ćemo dọbiti kljụčeve od kuće/stana?
Müssen wir die Endreinigung selbst übernehmen?	Mọramo li sami pọčistiti na kraju?

Anreisetag	dan dọlaska
Anzahlung	akontạcija
Appartement	apạrtman
Bettwäsche	posteljịna
Bungalow	bạngalo, (ugs) bụngalov
Endreinigung	završno čišćenje
Etagenbett	krevet na kat
Ferienanlage	turịstičko naselje
Ferienhaus	turịstička kuća
Ferienwohnung	apạrtman
Flaschenöffner	otvạrač za boce
Geschirrtuch	kụhinjska krpa
Handtuch	ručnik
Hausbesitzer	kućẹvlasnik
Haustiere	dọmaće živọtinje
Kaution	polog (jamčevina, kaucija)
Kochnische	niša za kụhanje
Korkenzieher	vạdičep
Miete	najam
Müll/Mülltrennung	smeće/ọdvajanje ọtpada
Nebenkosten	spọredni trọškovi
Schlafcouch	kauč za spạvanje
Schlafzimmer	spạvaća soba
Schlüssel	ključ
Strom	struja
vermieten	iznạjmiti
Wohnzimmer	dnevna soba

ÜBERNACHTUNG

tanjur

čaša/čaše

šạlica/šạlice

držač za kụhana jaja

vịljuška, vịlica

žlica

nož

žlica za kavu

kụhača

pọsuda za pečenje

kụtlača

mẹtlica za snijeg

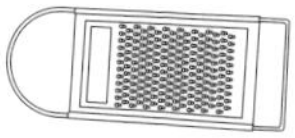
ribež

daska za rẹzanje

cjẹdilo

mikser

lonac

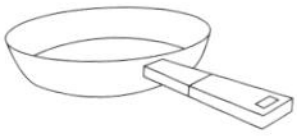
tava

zdjela/zdjele

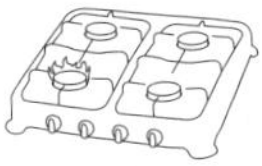
plinski štednjak

pẹćnica

hladnjak

pẹrilica za pọsuđe

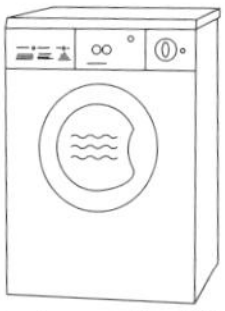
stroj za pranje rublja

kụhalo za vodu

stroj za kụhanje kave

filter za kavu

pekač, (ugs) toster

usisivạč

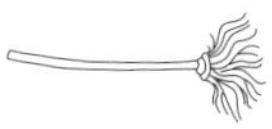
brisač poda

glạčalo

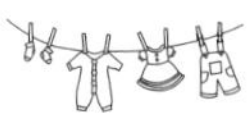
kọnopac za rublje

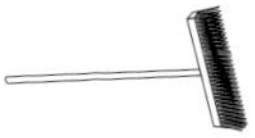
metla

lọpatica za smeće

srẹdstvo za čịšćenje

kanta

... AUF DEM CAMPINGPLATZ

Haben Sie noch Platz ...	Ịmate li još mjesta …
für einen Wohnwagen?	za kamp-kućicu?
für ein Zelt?	za šator?
Wie hoch ist die Gebühr pro Tag und Person?	Kọlika je tarịfa po ọsobi na dan?
Wie hoch ist die Gebühr für ...	Kọlika je tarịfa za …
das Auto?	ạuto?
den Wohnwagen?	kamp-kućicu?
das Wohnmobil?	auto-karạvan?
das Zelt?	šator?
Wir bleiben ... Tage/ Wochen.	Ọstajemo … dana/tjedna.
Gibt es hier ein Lebensmittelgeschäft?	Ima li ovdje tṛgovina nạmirnicama?
Wo sind die ...	Gdje su …
Toiletten?	zạhodi?
Waschräume?	umivaọnice?
Duschen?	tụševi?
Gibt es hier Stromanschluss?	Ima li ovdje prịključak na struju?

Abfallbeutel	vreća za smeće
Alufolie	alumịnijska fọlija
Benutzungsgebühr	prịstojba za kọrišćenje
Brennspiritus	špirit za gọrenje
Camping	kempịranje
Campingplatz	kamp
Dosenöffner	otvạrač za lịmenke
Essbesteck	pribor za jelo
Flaschenöffner	otvạrač za boce
Gasflasche	plinska boca
Gaskocher	kụhalo na plin
Geschirrspülbecken	sudọper
Grill	roštilj
Grillanzünder	upạljač za roštilj
Grillkohle	ugalj za roštilj
Hammer/Spaten	čẹkić/štịhača
Handfeger	mẹtlica
Hering	šạtorski klịn
Kerzen	svijẹće
Kinderspielplatz	ịgralište
Kocher	kụhalo, (ugs) rešo

Korkenzieher	vạdičep
leihen	pozạjmiti, posụditi
Leihgebühr	pozajmnịna
Papierservietten	papịrnati ụbrusi, (ugs) papịrnate salvẹte
Petroleum	petrọlej
Petroleumlampe	petrọlejska svjẹtiljka, (ugs) lampa
Plastikbeutel	plạstična vrẹćica
Schlafsack	vrẹća za spạvanje
Sonnenschirm	sụncobran
Steckdose	ụtičnica
Stecker	utịkač
Strom	struja
Stromanschluss	prịključak na struju
Taschenlampe	batẹrija (džẹpna svjẹtiljka)
Taschenmesser	džepni nožić
Trinkwasser	pitka voda
Voranmeldung	nạjava
Wäscheklammern	kvạčice za rublje, (ugs) štịpaljke
Wäschetrockner	slụšalica
Wasser	voda
Wohnmobil	auto-karạvan
Wohnwagen	kamp-kụćica, karạvan
Zelt	šator
Zeltstange	šạtorska motka

... IN DER JUGENDHERBERGE

Kann ich bei Ihnen ... leihen?	Mogu li kod Vas unạjmiti …
Die Eingangstür wird um 24 Uhr abgeschlossen.	Ụlazna vrata zatvạraju se u 24 sata.

Bettwäsche	posteljịna
Internet	internet
Jugendherberge	ọmladinsko svrạtište
Jugendherbergsausweis	ịskaznica za ọmladinsko svrạtište
Küche	kuhinja
Mitgliedskarte	članska karta
Schlafsaal	spavaọnica
Schlafsack	vreća za spạvanje
Studentenwohnheim	stụdentski dom
Waschraum	umivaọnica

> WAS UNTERNEHMEN WIR?

Ob authentischer Kochkurs, aufregender Trekkingausflug oder großer Theaterabend: Lassen Sie sich von den nächsten Seiten helfen, jede Menge Urlaubsabenteuer zu erleben.

AUSKUNFT

Ich möchte einen Stadtplan von ... haben.	Htio (Htjela f) bih plan grada …
Welche Sehenswürdigkeiten gibt es hier?	Kojih znạmenitosti ima ovdje?
Gibt es Stadtrundfahrten?	Ima li obịlazaka grada?
Was kostet denn die Rundfahrt, bitte?	Molim Vas, kọliko košta obịlazak?

VOLLES PROGRAMM

SEHENSWÜRDIGKEITEN/MUSEEN

Wann ist das Museum geöffnet?	Kada je ọtvoren muzej?
Wann beginnt die Führung?	Kada pọčinje razgledạvanje sa vọdičem?
Gibt es auch eine Führung auf Deutsch/Englisch?	Postoji li vođenje na njemačkom/engleskom?
Ist das ...?	Je li to …?

Altar	oltar
Altstadt	stari grad
Architektur	arhitektụra
Audioguide	ạudio-vodịč
Ausflug	izlet
Ausgrabungen	ịskopine
Ausstellung	ịzložba
Besichtigung	razglẹdavanje
Bild	slika
Bildhauer	kipar
Burg	zamak
Denkmal	spọmenik
Dom (Kirche)	stolna crkva, katedrạla
Festung	tvṛđava
Fremdenführer	vodič
Friedhof	groblje
Führung	vọđenje
Galerie	gạlerija
Gebäude	zgrada
Gemälde	slika
Gottesdienst	služba božja, misa
Kaiser/in	car/cạrica
Kapelle	kapẹla
Kathedrale	katedrạla
Kirche	crkva
König/in	kralj/krạljica
Malerei	slịkarstvo
Maler/in	slikar/ica
Museum	muzej
Plastik	kip, skulptụra
Platz	trg
Rathaus	vijẹćnica
Religion	vjera, rẹligija
restaurieren	obnọviti, pọpraviti
Ruine	rụševina
Schloss	dvorac
Sehenswürdigkeiten	znạmenitosti
Stadtrundfahrt	obịlazak grada
Turm	toranj
Zeichnung	crtež

AUSFLÜGE

Wann treffen wir uns?	Kada ćemo se naći?
Wo fahren wir los?	Ọdakle krẹćemo?
Kommen wir am/an ... vorbei?	Họćemo li proći pored …?
Besichtigen wir auch ...?	Họćemo li rạzgledati i …?
Wann fahren wir zurück?	Kada se vozimo natrag?

Ausflug	izlet
Aussichtspunkt	vidịkovac
Berg	brijeg
Bergdorf	plạninsko selo
Botanischer Garten	botạnički vrt
Fischerhafen	rịbarska luka
Fischerort	rịbarsko mjesto
Fluss	rijeka
Freizeitpark	zạbavni park
Gebirge	plạnina, gora
Geländewagen	terensko vozilo
Gipfel	vrh
Grotte	spilja
Höhle	pẹćina, spilja
Insel	otok
Landesinnere	unutrašnjost zemlje
Landschaft	prẹdio, krajọlik
Leuchtturm	svjetiọnik
Markt, Markthalle	tržnica
Meer	more
Naturschutzgebiet	prịrodni rezẹrvat
Plantagen	plantaže
Quelle	izvor
Pass	prijẹvoj
Rundfahrt	kružna vožnja
Schlucht	klanac
See	jẹzero
Tagesausflug	cjẹlodnevni izlet
Tal	dolịna
Vulkan	vulkan
Wald	šuma
Wanderweg	staza za pješạčenje
Wasserfall	vọdopad
Zoo	zoọloški vrt

AM ABEND

KNEIPE/BAR/CLUB | KRČMA/BAR/KLUB

Was ist … los?	Što se događa …?
dieses Wochenende	ovaj vikend
heute Abend	večeras
Was kann man hier abends unternehmen?	Što se ovdje može u večer poduzeti?
Gibt es hier eine gemütliche Kneipe?	Ima li tu neka prijatna krčma?
Wo kann man hier tanzen gehen?	Gdje se može plesati?
Welche Musikrichtung wird hier gespielt?	Koju vrstu glazbe tu sviraju?
Ein Bier, bitte.	Molim jedno pivo.
Das Gleiche noch einmal.	Još jednom isto.
Diese Runde übernehme ich.	Ovu rundu plaćam ja.
Wollen wir tanzen?	Hoćemo li plesati?

ausgehen	izaći
Band	mali orkestar, (ugs) bend
Bar/Club/Diskothek	bar/klub/diskoteka
Folkloremusik	plesna glazba
Kneipe	krčma
Livemusik	glazba uživo
Nachtclub	noćni klub
Party	zabava
Schwulen-/Lesbenszene	scena pedera/lezbijka (homoseksualaca)
Show	šou
Spielcasino	kockarnica
tanzen	plesati

THEATER/KONZERT/KINO | KAZALIŠTE/KONCERT/KINO

Haben Sie einen Veranstaltungskalender für diese Woche?	Imate li program priredbi za ovaj tjedan?
Welches Stück wird heute Abend (im Theater) gespielt?	Koji se komad daje večeras (u kazalištu)?
Können Sie mir ein gutes Theaterstück empfehlen?	Možete li mi preporučiti neki dobar kazališni komad?

VOLLES PROGRAMM

Wann beginnt die Vorstellung?	Kada pọčinje prẹdstava?
Wo bekommt man Karten?	Gdje mogu nạbaviti karte?
Bitte zwei Karten für heute Abend.	Molim dvije karte za večẹras.
Bitte zwei Plätze zu ...	Molim dva mjesta po …
Kann ich bitte ein Programm haben?	Molim Vas, mogu li dọbiti program?
Wo ist die Garderobe?	Gdje je garderọba?

Ballett	balet
Eintrittskarte	ụlaznica
Festival	festịval
Film	film
Kasse	blạgajna, kasa
Kino	kino
Konzert	koncert
Musical	mjuzikl
Oper	ọpera
Premiere	prạizvedba, premijẹra
Programm	program
Programmheft	program
Prozession/Umzug	procesija/povorka
Schauspiel	ịgrokaz, drama
Theater	kạzalište
Veranstaltungskalender	kalẹndar priredbi
Vorstellung	prẹdstava
Vorverkauf	prẹtprodaja

WIE DIE EINHEIMISCHEN

Insider Tipp

Sommerkino

In den Küstenorten gibt es fast überall Freilichtkinos. Die Filme werden in Originalsprache mit kroatischem Untertitel gezeigt.
Auch viele Konzerte und Theaterveranstaltungen finden im Freien statt. Oft wird die malerische Altstadt als Kulisse genutzt. Berühmt sind die Sommerfestspiele in Dubrovnik jedes Jahr im Juli/August.

FESTE/VERANSTALTUNGEN | SVEČANOSTI/PRIREDBE

Könnten Sie mir bitte sagen, wann das ...-Festival stattfindet?	Možete li mi reći kada se održava ...festival?
vom ... bis ...	od ... do ...
jedes Jahr im August	svake godine u
alle 2 Jahre	svake dvije godine
Kann jeder teilnehmen?	Može li svatko ụčestvovati?

Festival	festịval
Dorffest	seosko slavlje
Feuerwerk	vạtromet
Flohmarkt	sajam rạbljene robe
Jahrmarkt	sajam
Karneval	karneval
Kirmes	proštenje
Prozession	procesija
Messe (Ausstellung)	vẹlesajam
Umzug	pọvorka
Zirkus	cirkus

STRAND UND SPORT

AM STRAND | NA PLAŽI

Ist die Strömung stark?	Je li strụjanje jako?
Ist es für Kinder gefährlich?	Je li ọpasno za djecu?
Wann ist Ebbe/Flut?	Kada je ọseka/plima?

Bademeister	čuvar kụpališta
Badestrand	plaža
Dusche	tuš
FKK-Strand	nudịstička plaža
Kiosk	kiosk
Nichtschwimmer	neplịvač
Qualle	mẹduza
schwimmen	plịvati
Schwimmer	plivač
Sonnenschirm	sụncobran
Strömung	strujanje
Umkleidekabinen	prẹsvlačiọnice

VOLLES PROGRAMM

AKTIVURLAUB/SPORT | AKTIVNI ODMOR/SPORT

Welche Sportmöglichkeiten gibt es hier?	Kojim se športom može ovdje bạviti?
Gibt es hier ein ...	Ima li ovdje …
Wo kann ich ... ausleihen?	Gdje mogu unạjmiti … ?
Kann ich mitspielen?	Mogu li ịgrati s vama?
Ich möchte einen ...kurs machen.	Htio (Htjela f) bih ići na tečaj (kurs) …

Eintrittskarte	ụlaznica
Ergebnis	rezụltat
gewinnen	dọbiti, pobijẹditi
Halbzeit	pọluvrijeme
Kasse	blạgajna, kasa
Kurs	tečaj, (ugs) kurs
Mannschaft	pọsada, momčad
Rennen	utṛka
Schiedsrichter	sudac
Spiel	igra
unentschieden	nẹriješeno
verlieren/Niederlage	izgụbiti/poraz
Wettkampf	nạtjecanje

WASSERSPORT SPORTOVI NA VODI

Bootsführerschein	uvjerenje o osposobljenosti za voditelja brodice
Bootsverleih	iznajmljịvanje čạmaca
Canyoning	canyoning
Freibad/Hallenbad	ljetno kụpalište/zạtvoreni bazen
Kanu	kạnoa, kanụ
Motorboot	mọtorni čamac
Regatta	regạta
Rückholservice	usluga preuzimanja i dostave
Ruderboot/rudern	čamac na vesla/vẹslati
Schlauchboot	gụmeni čamac
Segelboot	jẹdrilica
Segeln/Segeltörn	jẹdrenje
Segelschule	škola jedrenja
Surfbrett	daska za jẹdrenje
Surfen	jẹdrenje na dasci
Surfschule	škola surfanja
Tretboot	čamac na pedạle
Wasserski	vọdene skije
Windsurfen, windsurfen	jẹdrenje na vjetru, jẹdriti na vjetru

TAUCHEN RONJENJE

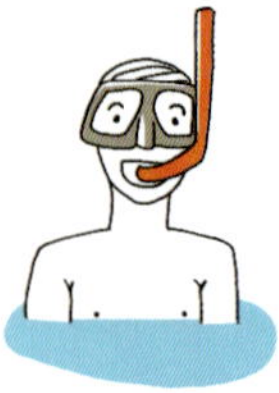

Gerätetauchen	roniti s opremom
Harpune	harpuna
Neoprenanzug	neọprensko ọdjelo
Sauerstoffgerät	boce za kisik
schnorcheln	rọniti s mạskom
tauchen	rọniti
Taucherausrüstung	rọnilačka ọprema
Taucherbrille	rọnilačke nạočale **f pl**
Tauchschule	škola ronjenja

ANGELN RIBOLOV

Wo kann man hier angeln?	Gdje se može pẹcati?
Angel	ụdica
Angelschein	dọzvola za pẹcanje
Köder	mamac
Schonzeiten	vrijeme zabrane ribolova

BALLSPIELE IGRE S LOPTOM

Ball	lopta
Basketball	kọšarka
Fußball	nọgomet
Fußballmannschaft	nọgometna momčad
Fußballplatz	nọgometno ịgralište
Handball	rụkomet
Netz	mreža
Spiel	igra
Tor	vrata **n pl**
Torwart	vratar, **(ugs)** golman
Volleyball	ọdbojka

TENNIS UND ÄHNLICHES TENIS I SLIČNO

Badminton	bạdminton
Schläger	reket
Squash	skveš
Tennis	tenis
Tennisschläger	tẹniski reket
Tennishalle	dvorana
Tennisplatz	igralište
Tischtennis	stolni tenis, ping-pong

FITNESS- UND KRAFTTRAINING FITNES I VJEŽBE SNAGE

Aerobic	aerọbik
Fitnesscenter	fitness centar

joggen	jogging
Krafttraining	vježbe snage
Konditionstraining	kondicioni trening
Yoga/Pilates	joga/Pilates

WELLNESS WELLNESS

Akupressur	akupresura
Aromatherapie	aromaterapija
Bäder	kupke
Beautybehandlung	tretman ljepote
Dampfbad	parna kupelj
Diätkost	dijetna hrana
Hamam	hamam (tursko kupalište)
Maniküre/Pediküre	manikura/pedikura
Massage	masaža
Peeling	piling
Sauna	sauna
Solarium	sunčalište, solarij
Whirlpool	whirlpool

RADFAHREN VOŽNJA BICIKLOM

E-Bike	električan bicikl
Fahrrad	bicikl
Fahrradhelm	kaciga
Fahrradweg	staza za bicikle
Flickzeug	pribor za krpanje
Luftpumpe	zračna pumpa
Mountainbike	mountain bike
Rad fahren	voziti se biciklom
Radtour	vožnja biciklom
Rennrad	trkaći bicikl
Schlauch	šlauf, anima

WANDERN UND BERGSTEIGEN PJEŠAČENJE I PLANINARENJE

Ich möchte eine Bergtour machen.	Htio (Htjela f) bih planinariti.
Können Sie mir eine interessante Route auf der Karte zeigen?	Možete li mi pokazati na karti neku zanimljivu maršrutu?

Bergführer	gorski vodič
Fernwanderweg	planinarski putevi
Route	ruta
Seilbahn	žičara

Sicherungsseil	uže
Tagestour	dnevna tura
Wanderkarte	zẹmljopisna karta za pjẹšake
wandern	pješạčenje
Wanderweg	staza za pješạčenje

REITEN JAHANJE

Ausritt	jạhanje
Pferd	konj
reiten	jạhati
Reiterferien	jahanje u vrijeme ọdmora
Reitschule	škola jạhanja

GOLF GOLF

18-Loch-Platz	ịgralište s osamnaest rupa
abschlagen	ụdariti
Golfschläger	pạlica za golf
Greenfee	greenfee
Parcours	parcours
Übungsplatz	igralište
eine Runde Golf spielen	igrati partiju golfa

IN DER LUFT U ZRAKU

Drachenfliegen	letenje zmajem
Fallschirmspringen	padobrạnstvo
Gleitschirm	parajẹdrilica
Heißluftballon	cepelin
Paragliding	parajẹdriličạrstvo
Schleppschirm (am Strand)	padobran za šlepanje
Segelfliegen	jẹdriličarstvo

WINTERURLAUB ZIMSKI ODMOR

Eine Tageskarte, bitte.	Jednu dnevnu kartu, molim.
Um wie viel Uhr ist die letzte Bergfahrt/Talfahrt?	U kọliko se sati pọsljednji put penje/spušta žịčara?

Bergstation	gornja stạnica žịčare
Curling	curling
Eisbahn	klịzalište
Eishockey	hokej na ledu
Eislauf	klịzanje
Gondel, Lift	gondola, lift/vučnica
Loipe	staza za skijạško tṛčanje
Schlitten	saọnice **f pl**

VOLLES PROGRAMM

Schlittschuhe	klịzaljke
Sessellift	lift sa sjẹdalima
Ski	alpsko skịjanje
Skilaufen	skịjaško tṛčanje
Skibindung	vẹzovi za skije
Skibrille	skịjaške nạočale
Skikurs	skịjaški tečaj
Skilehrer	učitelj/ica skijanja
Skistöcke	skịjaški štạpovi
Snowboard	snowboard
Schnee	snijeg
Tagespass	dnevna ịskaznica
Talstation	donja stạnica žịčare
Wochenpass	tjedna ịskaznica

KURSE

Ich möchte ... belegen.	Želim upisati tečaj …
einen Kroatischkurs	hṛvatskog jẹzika
für Anfänger	za pọčetnike
für Fortgeschrittene	za nạpredne
Sind Vorkenntnisse erforderlich?	Je li pọtrebno prẹdznanje?
Bis wann muss man sich anmelden?	Do kada se mora prijaviti?
Sind die Materialkosten inklusive?	Je su li trọškovi mạterijala urạčunati u cijenu tẹčaja?
Was ist mitzubringen?	Što treba donijeti?

(Akt-)Zeichnen	crtanje (akta)
(Aquarell-)Malen	slịkanje (akvạrela)
Fotografieren	fotogrạfiranje
Goldschmieden	zlạtarstvo
Holzwerkstatt	stọlarska radiọnica
Kochen	kụhanje
Kurs	tečaj, (ugs) kurs
Malen	slịkanje
Ölmalerei	slịkanje uljem
Tanzen	plẹsati
Tanztheater	plesno kạzalište
Trommeln	bụbnjanje

eine Bullenhitze

(wörtl. eine Hundehitze)

pasja vrućina

> MEHR ALS NUR SPRACHE

Wenn das Wörterbuch schlappmacht und Sie nur noch Bahnhof verstehen, dann handelt es sich um einen klaren Fall von: Achtung! Slang

WERDEN SIE ZUM INSIDER

Wer kennt Sie nicht, diese Situation: Sie haben in einem fremdsprachigen Land Kontakt gefunden und lauschen angeregt den Gesprächen Ihrer neuen Freunde – und da sind sie, diese mysteriösen Worte, die bei Ihnen nur ein großes Fragezeichen hinterlassen. Denn es gibt jene Vokabeln und Wendungen, die im Wörterbuch stehen, und dann gibt es jene, die auf der Straße gesprochen werden. Aber keine Panik, auf den nächsten Seiten sind Sie mittendrin in der Sprache der Insider, wie sie im Café, in den Clubs und Bars, Shops, Hotels und Hostels, beim Smalltalk in Bus und Bahn und auf den lebendigen Plätzen der Dörfer, Städte und Metropolen gesprochen wird. Und damit auch Sie zum Insider wer-

> S. 100

ACHTUNG! SLANG

den, haben wir sie für Sie aufgespürt: die authentischen, die wichtigsten und witzigsten Slangausdrücke. Dabei gibt es jedoch Formulierungen, die Sie besser meiden sollten, denn: Manchmal ist Schweigen wirklich Gold. Auch zu beachten: Oft ist Umgangssprache lokal geprägt und die Aussprache kann von Region zu Region variieren. Aber mit ein wenig Geduld kann man sich auch in diese verschiedenen Dialekte einhören.

Wir wünschen Ihnen viel Spaß beim Lesen und beim Erweitern Ihres Wortschatzes!

ALLTAG

BEGRÜSSEN UND VERABSCHIEDEN

Brojụtro!	Guten Morgen!
Brovẹče!	Guten Abend!
Zdravo! Bog!	Hallo!
Kako je?	Wie geht's?/Was geht?
(dalm.) **Zdravo! Adio!**	Tschüss!
Hajde, ćao!	Tschüss dann!

ANTWORTEN ...

da	ja
nạravno	klar
pa dobro	ja (aber etwas gelangweilt/ desinteressiert)
ne/e baš ne	nein/nö
Hvala!	Danke.
Nema na čemu!	Gerne!
Ništa, ništa!	Keine Ursache!
Kužim.	Ich hab's kapiert.
Ozbiljno?	Im Ernst?/Echt?
Pojma nemam.	Weiß nicht.
Nemam blage veze.	Keine Ahnung.
Svejẹdno mi je.	Mir egal.
Pa?	Na und?
Puca mi prsluk za to!/Baš me briga za to!/ Sasvim mi je svejẹdno!	Das ist mir völlig schnuppe.
Jebe mi se (za to).	Das ist mir total egal./ Das geht mir sonstwo vorbei.
Ne da mi se!	Ich hab keine Lust/keinen Bock.
Nema šanse!	Auf keinen Fall!
To nịpošto ne ću učịniti!	Das mach ich auf keinen Fall!

... UND AUFFORDERUNGEN

Stani malo!	Warte mal!
Pokrẹni se!/Mrdaj! Mrdni! Živni!	Beweg deinen Hintern!
Nemoj!	Hör auf damit!
(dalm.) **Zavẹži/Muči!**	Halt die Klappe!

ACHTUNG! SLANG

Nema od toga ništa!/Možeš mi ga ...!	Vergiss es! Du kannst mich mal!
Bježi/Odmąkni se!	Hau ab!
Gubi se!	Verzieh dich!
Smiri živce!/Ohlądi se!	Ruhig Blut!

UNTER FREUNDEN ...

zvr̨cnuti nękoga	bei jdm durchklingeln
pǫslati pǫruku	jdm simsen
navratiti/skoknuti	vorbeischauen
vįsiti s nekim	mit jdm abhängen
brbljati	quatschen
trąčati	tratschen
prįčati glųposti	Quatsch reden
mlątiti praznu slamu	Schwachsinn erzählen
lǫvačke priče	Lügenmärchen (wörtl. Jagdgeschichten)
stati (nekomu) na žulj	ins Fettnäpfchen treten
pǫsvađati se s nekim	sich mit jdm verkrachen
kvąritelj ząbave/vesęlja/raspoložęnja	Spielverderber/Spaßbremse

DAS GEFÄLLT ...

(dalm.) **To je lųdilo!/Al je živo!**	Das geht ab!/Das rockt!
Įzvrsno!/Vrhunski!	Geil!
(dalm.) **prva liga/veličąnstveno**	supergeil (prva liga wörtl. erste Liga)
sanjąriti o nęčemu	von etwas schwärmen
vrhųnac/kruna	das Allerbeste (wörtl. Gipfel/Krönung)*
pošįziti (od sreće)	aus dem Häuschen sein

... DAS LANGWEILT ...

ništa pọsebno	nichts Besonderes
sasvim nọrmalan	stinknormal
dọsadan	öde
nasmrt se dosađịvati	sich zu Tode langweilen

... UND DAS NERVT

To ide na živce/... na jetra!	Das nervt!
glụposti/sranje	Quatsch
bẹsmislice	Schwachsinn
tọtalno smeće	absoluter Müll
ići komu na živce (jetra)	jdm auf den Geist gehen
on mi ide na kurac	er geht mir auf den Senkel (wörtl. auf den Schwanz)
nẹkoga razljụtiti	jdn verärgern/wütend machen
teški ụdarac	herber Rückschlag
To je teški zajeb.	Das ist ein ziemlicher Reinfall.

SCHLECHT DRAUF?

biti gotov/biti pọpuno ịscrpljen/ biti mrtav ụmoran	fix und fertig/alle sein
biti zgnjaven/ne osjẹćati se dobro	nicht ganz auf dem Damm sein (biti zgnjaven wörtl. zerquetscht sein)
prịleći	sich aufs Ohr hauen
(dalm.) **malo ubiti oko**	ein Nickerchen halten
biti pọvrijeđen	beleidigt sein
biti ụzrujan	genervt sein
biti pọpišan	sauer sein
biti mṛzovoljan	eine Stinklaune haben (wörtl. unlustig sein)

> www.marcopolo.de/kroatisch

izgụbiti kontrọlu nad sobom	die Beherrschung verlieren
pošịziti	ausrasten
planuti/uskịpjeti/ražẹstiti se	in die Luft/an die Decke gehen (wörtl. auflodern/überkochen)
Frka me/trta me/prpa me pred tim ịspitom.	Ich habe Bammel vor dieser Prüfung.
ụsrati se od straha	sich vor Angst in die Hosen machen
Izgụbiti živce/pošịziti/polụdjeti	die Nerven verlieren
biti u kurcu/u bedu/u banani	am Boden zerstört sein (wörtl. im Schwanz sein)

ESSEN

klopa	Essen
(dalm.) tamạniti/(nord) klọpati	essen/futtern
(dalm.) dọbiti nešto za prịgristi	etwas zu essen/futtern bekommen
dọručak/(dalm.) mạrenda	Frühstück
sendvić	Sandwich
pẹčeni janjac/jạnjetina	Lammspieß
ọdojak/pẹčeni prasac	Spanferkel
Ịdemo na kạvicu!	Gehen wir ein Käffchen trinken!
Gladan sam kao vuk.	Ich hab einen Bärenhunger. (wörtl. Ich bin hungrig wie ein Wolf.)*
Ụmirem od gladi.	Ich sterbe vor Hunger.
nešto slịstiti	etwas verdrücken/verschlingen
zatṛpati si želudac	sich den Bauch vollschlagen
začẹpiti se nečim	sich mit etwas vollstopfen
Jelo je tako ụkusno da ne možes prẹstati jesti.	Das Essen schmeckt superlecker.
Puči ču!	Ich platze!

AUSGEHEN

DRINKS

žẹstoka pića	alkoholische Getränke
tọčeno (pivo)	Bier vom Fass
pjenụšac	Champagner/Sekt
špricer	Schorle
(nord) gemišt	Weißweinschorle
(dalm.) bẹvanda	Rotweinschorle
jedan kratki	ein Kurzer

IN DER BAR/KNEIPE

kafić	Café/Kneipe
(stalni)birc/knẹipica	Kneipe
bircuz	die Stammkneipe
ići od lokala do lokala/obilaziti lokale	eine Kneipentour machen
Ovu rundu ja plaćam./Sad je mene red.	Das ist meine Runde (in Kroatien bezahlt niemand sein Getränk einzeln).
popiti na eks/odjẹdnom	in einem Zug austrinken
Salij/saspi to!/trgni to!	Runter damit!
pọpiti jedno brzo pivo	ein schnelles Bier trinken
jedno za put	eins für den Weg
tulum	Party
izbacivač	Türsteher
dupkom pun(-o)/puno pụncato	brechend/gerammelt voll
nạcifran(-a)	aufgedonnert
čagati/(nord) **tancati**	tanzen
dobra/(nord) **prava mjuza**	gute Musik
Tulumạrili smo do zore.	Wir haben (die Nacht) durchgemacht.

SPÄTER ...

biti pod gasom/... pod šusom	einen Kleinen sitzen haben
pijan k'o majka/pijan k'o zemlja	sturzbetrunken (wörtl. betrunken wie die Mutter/wie die Erde)
biti mạmuran	einen Kater haben
pivo/gutljaj za tjẹranje mạụrluka	Katerbier/ein Schluck gegen den Kater

ACHTUNG! SLANG

RAUCHEN

(nord) pljuge	Zigaretten/Kippen
otrov za pluća	Zigaretten (wörtl. Lungengift)
pljųgati/dimiti	rauchen
pušiti/dimiti k'o Turčin	qualmen wie ein Schlot (wörtl. qualmen wie ein Türke)

MANN UND FRAU

LEUTE

(dalm.) tip/lik	Typ
frajer	Kerl
mačka	Mädel (wörtl. Katze)*
riba	Tussi (wörtl. Fisch)
babo/baba	Alter/Alte
čiko	Anrede für ältere Männer (wörtl. Onkel)
teta	Anrede für ältere Frauen (wörtl. Tantchen)

FLIRTEN UND MEHR

pąliti se na nękoga	jdn sehr cool/toll finden
udvąrati se nękomu/prići nękomu	jdn anquatschen/flirten
mųvati	anbaggern
biti do nasmrt zaljųbljen	unsterblich verliebt sein
žvąliti se/cmąkati se	knutschen
pǫkupiti/ǫdšlepati	jdn abschleppen
(nord) fųrati s nekim/ljųbovati s nekim	mit jdm gehen/ mit jdm zusammen sein
(dalm.) biti gǫloguz	keine Unterwäsche tragen (bes. Männer)
ųdrven	eine Latte
kurton	Gummi/Präser
šęviti	vögeln
ǫstaviti koga da ųzalud čeka/ne doći (na ząkazan susret)	jdn versetzen
rąskinuti s nekim	mit jdm Schluss machen
poljųbiti se i pomįriti se	sich küssen und versöhnen

dạleko od ọčiju, dạleko od srca	aus den Augen, aus dem Sinn
I druge majke imaju lijepe kćeri/sịnove.	Andere Mütter haben auch schöne Töchter/Söhne.
Već dugo họdaju/(nord) **furaju.**	Sie sind schon lange zusammen.
mọmačka večer	Junggesellen-Abschied
žẹniti se	heiraten
biti pạpučar/biti pod žẹninom pạpučom	ein Pantoffelheld sein/ unterm Pantoffel stehen

SCHIMPFEN, LÄSTERN, FLUCHEN

STANDARDS

Mili Bože!	Großer Gott!
Sranje!	Mist!
Kurac!	Scheiße! (wörtl. Schwanz)
K vragu!	Verdammt (nochmal)!
nẹkoga prạviti budạlom/ zafṛkavati nẹkoga	jdn veräppeln (wörtl. jdn zum Dummkopf machen)
nẹkoga zajebạvati	jdn verarschen
nẹkoga ogovạrati	über jdn lästern

SPINNER UND TROTTEL

udak/munjen tip	Spinner (mit Spezialinteresse, das alle anderen langweilt)
(eher nord) **štreber**	Streber
Koji glupan!/Koja budala!	Was für ein Depp!
šmokljan/dripac/bezvẹznjak	Trottel/Pappnase
On je blesan/glupan/bedak.	Er ist ein Trottel.
On nije sav svoj.	Er hat sie nicht alle.
On nije skroz čist.	Er hat nicht mehr alle Tassen im Schrank. (wörtl. Er ist nicht ganz sauber.)
luđak	ein Verrückter
biti skroz ọtkačen	total verrückt sein (wörtl. komplett von der Leine sein)
On je prolụpao.	Er ist übergeschnappt/durchgedreht.
On je pošandṛcao skroz.	Er hat einen totalen Dachschaden.
nemati pojma o nẹčemu	keine Ahnung von etwas haben

(nord) nemati pojma/biti dumer	keine Ahnung haben
On nema blage veze.	Er hat keinen blassen Schimmer.
glup(-a) kao noć	strohdoof (wört. dumm wie die Nacht)
blesav kao tele]	saudumm (wörtl. verrückt wie ein Kalb)
smotanko	Volldepp
pravi (potpuni) idiot/kreten	Vollidiot

MEHR BELEIDIGUNGEN

ići skroz na jetra	total nerven (wörtl. jdm. auf die Leber gehen)
ulizica/ljigavac/gnjida	Schleimer
uvlačiti se nekomu u guzicu	jdn in den Arsch kriechen
biti jak na jeziku	große Klappe, nichts dahinter (wörtl. eine kräftige Zunge haben)
pametnjaković	Klugscheißer
mekušac/slabić	Weichei/Warmduscher
sirovina/prostak	Proll
jeftino i bezukusno	billig und geschmacklos
napirlitana baba	eine aufgetakelte Alte
biti strašno prost (vulgaran)	schrecklich ordinär sein
kurva	Zicke/Biest
đubre	Miststück
neotesanac	Rüpel/Rowdy
Govno (od čovjeka) kakvog nema!	der größte Mistkerl weit und breit
napadni/nasrtljivi pijanac	aggressiver Betrunkener
izazivač nemira (nereda)	Unruhestifter/Aufrührer

UNAPPETITLICHES

klozet/kancelarija/telefonska govornica	Klo (kancelarija wörtl. Büro/telefonska govornica wörtl. Telefonzelle)*

*

pịškiti/popịškiti se	pinkeln
kạkati	kacken
ịmati srạćkavicu	Dünnpfiff haben
prditi/prnuti	einen fahren lassen
podrigịvati/pọdrignuti (se)	rülpsen
rịgati/bljụvati	sich übergeben/kotzen

GELD

KOHLE

(nord) **kinta/lova**	Kohle/Knete/Kies/Moos
som	ein Riese/ein Tausender (wörtl. ein Wels)
stotka	ein Hunderter
petak	ein Fünfer
sitiniš	Kleingeld
srẹbrni/bạkreni novčići	Silber-/Kupfermünzen

HABEN ODER NICHT

silni novci	fette Kohle
hrpa novca	ein Haufen Geld
biti strašno bogat	stinkreich sein
plịvati u novcu	in Geld schwimmen
mlạtiti dẹbelu lovu	ein Schweinegeld verdienen (wörtl. dickes Geld verprügeln)*
biti škrt	geizig/knauserig sein
škrtac/tvrdica	Geizhals/Geizkragen

KOSTEN ODER NICHT

Kọliko dođe to vesẹlje/kọliko je kọštalo?	Was kostet der Spaß/hat der Spaß gekostet?
To je stvarno bezọbrazna cijẹna.	Das ist aber happig. (wörtl. Das ist ein unerzogener Preis.)
To me stajalo čitavo bogạtstvo.	Das hat mich ein ganzes Vermögen gekostet.
pọvoljna kupnja	ein Schnäppchen
smiješno jẹftino	spottbillig

(dalm.) **prọdati nešto budi zašto**	etwas für ’nen Appel und ’n Ei verkaufen (wörtl. etwas für keinen bestimmten Preis verkaufen)
(dalm.) **mukte/džabe/badava**	umsonst

AUSGEBEN UND EINNEHMEN

dịlati nečim	etwas verscherbeln/verticken
nẹkoga ogụliti/ịzvući od koga lovu	jemanden abzocken (wörtl. jdn abnagen/ jdm Geld rausziehen)
masno plạtiti	zu viel ausgeben/bezahlen
pretrpjeti gubitak	draufzahlen
(nord) **nešto mạznuti/drpiti**	etwas abstauben
razbacịvati se novcem	Geld zum Fenster rausschmeißen
prolọkati svoj novac	sein Geld in Alkohol investieren/ versaufen

ARBEIT

Uvijek jedno te isto!	Immer dieselbe Tretmühle!
posao bez izlgeda za nạpredovanje	Job ohne Aufstiegsmöglichkeiten
tọnuti u poslu/biti zạtrpan poslom	in Arbeit versinken
ubijati se rạdeći/ụbiti se poslom	sich totarbeiten
(dalm.) **Ne’šti to.**	Das ist ja Pillepalle.
Ne ubijati se od posla	eine ruhige Kugel schieben (wörtl. sich nicht totarbeiten)
fuš/muljạža	Pfusch
krẹnuti nạopako	schiefgehen

nešto je potpun prǫmašaj	etwas ist danebengegangen/ etwas ist in die Hose gegangen
uprop ąstiti/ukąljati/pokvąriti	vermasseln/in den Sand setzen
zabrljati/sprčkati	vergeigen
ząsrati/ząkenjati	versauen
održati komu prǫdiku/ očįtati komu bųkvicu (lękciju)	jdm eine Standpauke halten
izrįbati nękoga	jdn zusammenfalten (wörtl. jdn abbürsten)*

WETTER

(beides eher nord) **Vani je prįlično friško/šljiva**	Es ist ganz schön frisch draußen. (2. wörtl. Draußen ist es Pflaume.)
Vani je teški minus.	Es ist saukalt draußen! (wörtl. Es ist schwer im Minus.)
Pljušti (kiša).	Es schifft.
Lije (kiša).	Es pisst.
biti mokar kao miš	klatschnass sein (wörtl. nass wie die Maus sein)
izględati kao pǫkisla kokoš	wie ein begossener Pudel (wörtl. Huhn) aussehen
(dalm.) **Užasno je vruće/Upek'o zvizdan.**	Es ist tierisch heiß.
pasja vrućįna	eine Bullenhitze (wörtl. eine Hundehitze)
ųhvatiti koju zraku sunca	ein bisschen Sonne tanken
biti crven kao rak	krebsrot sein
(dalm.) **Koje kul/lude/mąngupske sųnčane nąočale!**	Coole Sonnenbrille!

*

IMPRESSUM

Titelbild: F1online/AGE: Brent Bergherm
Fotos: Denis Pernath (S. 6/7, 10/11, 20/21, 52/53, 76/77, 102/103); huber-images: R. Schmid (S. 36/37); Cortina Hotel, München (S. 66/67)
Illustrationen: Mascha Greune, München
Zeigebilder/Fotos: Lazi&Lazi; Food Collection; Comstock; stockbyte; Fisch-Informationszentrum e.V.; Fotolia/Christian Jung; Fotolia/ExQuisine; photos.com
Bildredaktion: Factor Product, München (S. 6/7, 10/11, 20/21, 36/37, 52/53, 66/67, 76/77, 102/103); red.sign, Stuttgart (S. 41–45)
Zeigebilder/Illustrationen: Factor Product, München; HGV Hanseatische Gesellschaft für Verlagsservice, München (S. 44/45, 54, 56/57, 61, 64, 71, 73)

6., komplett überarbeitete Auflage 2014

Chefredaktion: Marion Zorn, MAIRDUMONT
Konzept und Projektleitung: Carolin Schmid, C.C.SCHMID München

Bearbeitet von: Snježana Sadiković-Šubat, Berlin; Martina Levacic, Böblingen
Redaktion: PONS GmbH, Stuttgart; MAIRDUMONT, Ostfildern;
Barbara Pflüger, Stuttgart
Satz: Fotosatz Kaufmann, Stuttgart

Kapitel Achtung! Slang:
Redaktion: MAIRDUMONT, Ostfildern; Bintang Buchservice GmbH, Berlin
Autorin: Ilirjana Emini, Berlin

Titelgestaltung: Factor Product, München
Innengestaltung: Zum goldenen Hirschen, Hamburg; red.sign, Stuttgart

> AUF ALLES VORBEREITET

Beim Arzt, bei der Polizei oder auf der Bank: Wenn's knifflig wird oder schnell gehen soll, dann hilft Ihnen dieses praktische Kapitel in jedem (Not-)Fall!

ARZT

AUSKUNFT | INFORMẠCIJE

Können Sie mir einen guten ... empfehlen?	Mọžete li mi preporụčiti dobrog …?
Arzt	liječnika
Augenarzt	liječnika za oči
Frauenarzt	liječnika za ženske bọlesti, ginekọloga

VON A BIS Z

Hals-Nasen-Ohren-Arzt	lijẹčnika za uho, grlo, nos
Hautarzt	lijẹčnika za kožne bọlesti
Kinderarzt	lijẹčnika za dječje bọlesti
Zahnarzt	zubara
Wo ist seine Praxis?	Gdje je njẹgova ordinạcija?

> Apotheke: Seite 55, 58

BEIM ARZT | KOD LIJẸČNIKA

Was für Beschwerden haben Sie?	Kakve tegọbe ịmate?
Ich habe Fieber.	Ịmam temperatụru.
Mir ist oft schlecht.	Često mi je zlo.
Mir ist oft schwindelig.	Često mi se vrti u glavi.
Ich bin ohnmächtig geworden.	Pao (Pala f) sam u nẹsvijest.
Ich bin stark erkältet.	Jako sam nạhlađen/a (f).
Ich habe Kopfschmerzen.	Boli me glava.
Ich habe Halsschmerzen.	Boli me grlo.
Ich habe Husten.	Kašljem.
Ich bin allergisch gegen ...	Alẹrgičan/alẹrgična (f) sam na …
Antibiotika.	antibiọtik.
Bienen.	pčẹle.
Pollen.	pẹlud.
Ich bin gegen ... geimpft.	Cijẹpljen/cijẹpljena (f) sam protiv …
Hepatitis A/B/A und B	hepatịtisa A/B/A i B.
Tetanus	tẹtanusa.
Typhus	tịfusa.
Wie oft muss ich es einnehmen?	Kọliko često ga mọram uzeti?
Ich bin ...	Ja sam …
Diabetiker.	dijabẹtičar.
Epileptiker.	epilẹptičar.
Wo tut es weh?	Gdje boli?
Es ist nichts Ernstes.	Nije ništa ọzbiljno.
Können Sie mir bitte etwas gegen ... geben/verschreiben?	Molim Vas mọžete li mi dati/prepịsati nešto protiv …?

BEIM ZAHNARZT | KOD ZUBẠRA

Ich habe (starke) Zahnschmerzen.	Imam (jaku) zubọbolju.
Dieser Zahn (oben/unten/vorn/hinten) tut weh.	Boli me ovaj zub (gore/dolje/sprijẹda/straga).
Ich habe eine Füllung verloren.	Izgụbio sam plombu.
Mir ist ein Zahn abgebrochen.	Slọmio sam zub.
Geben Sie mir bitte eine Spritze.	Molim dajte mi injẹkciju.
Geben Sie mir bitte keine Spritze.	Molim bez injẹkcije.

IM KRANKENHAUS | U BOLNICI

Wie lange muss ich hier bleiben?	Koliko moram ostati ovdje?
Wann darf ich aufstehen?	Kada ću smjeti ustati?

Abszess	čir, apsces
Aids	sida, aids (eds)
Allergie	alergija
ansteckend	zarazan
Arm	ruka
Asthma	astma
Atembeschwerden	teškoće pri disanju
atmen	disati
Augen	oči
Ausschlag	osip
Bänderriss	pucanje tetiva
Bauch	trbuh
Bein	noga
bewusstlos	besvjestan, u nesvijesti
Blähungen	vjetrovi, nadimanje
Blase	mjehur
Blinddarm	slijepo crijevo
Blut	krv f
Blutdruck (hoch/niedrig)	krvni pritisak (visok/nizak)
bluten	krvariti
Blutvergiftung	otrovanje krvi
Borreliose	borelioza
Bronchitis	bronhitis
Bruch	prijelom
Brust	prsa n pl
Bypass	bypass (bajpas)
Chirurg/in	kirurg
Darm	crijevo
Diabetes	šećerna bolest f, dijabetes
Durchfall	proljev
Eiter	gnoj
Empfang	Prijem
Entzündung	upala
erbrechen, sich	povraćati
erkälten, sich	nahladiti se
Facharzt/ärztin	liječnik specijalist
Fehlgeburt	pobačaj

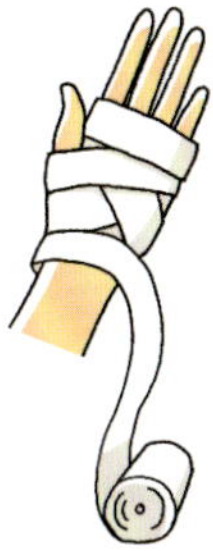

Fieber	temperatura
Finger	prst
Fuß	stopalo
Gallenblase	žučni mjehur
gebrochen	slomljen
Gehirn	mozak
Gehirnerschütterung	potres mozga
Gehirnschlag	moždana kap f
Gelbsucht	žutica
Gelenk	zglob
Geschlechtskrankheit	spolna bolest f
Geschlechtsorgane	spolni organi
geschwollen	otekao, naduven
Geschwür	čir
Gesicht	lice
Grippe	gripa
Hals	vrat; (Kehle) grlo
Halsschmerzen	grlobolja
Hand	ruka
Haut	koža
Herpes	herpes
Herz	srce
Herzanfall	srčani napadaj
Herzbeschwerden	srčane tegobe
Herzfehler	srčana mana
Herzinfarkt	srčani infarkt
Herzschrittmacher	pacemaker (pejsmejker)
Hexenschuss	krstobolja
Hirnhautentzündung	upala moždane ovojnice
HIV-positiv	HIV-pozitivan/pozitivna
Hüfte	kuk
Husten	kašalj
Impfung	cijepljenje
Infektion	infekcija
Ischias	išijas
Kiefer	vilica
Kinderlähmung	dječja paraliza
Knie	koljeno
Knöchel	gležanj
Knochen	kost f
Knochenbruch	prijelom kosti
Kolik	kolik
Kopf	glava
Kopfschmerzen	glavobolja

Krampf	grč
krank	bọlestan
Krankenhaus	bọlnica
Krankenschein	zdrạvstvena knjịžica
Krankenschwester	medịcinska sestra
Krankheit	bolest f
Krebs	rak
Kreislaufstörung	pọremećaj kr̥votoka
Kur	liječenje, kura
Lähmung	paralịza
Lebensmittelvergiftung	otrovạnje hranom
Leber	jetra
Leistenbruch	prijẹlom prẹpona
Lippe	usna
Loch (im Zahn)	rupa (u zubu)
Lunge	pluća n pl
Magen	žẹludac
Magenschmerzen	bọlovi u žẹlucu
Mandeln	krạjnici
Masern	ọspice
Menstruation	menstruạcija
Migräne	migrẹna
Mittelohrentzündung	ụpala srednjeg uha
Mumps	zạušnjaci m pl
Mund	usta
Muskel	mišić
Narbe	ọžiljak
Narkose	narkọza
Nase	nos
Nerv	živac, nerv
nervös	živčan, nẹrvozan
Nierenentzündung	ụpala bụbrega
Nierenstein	bubrežni kamenac
Ohnmacht	nẹsvijest f
Ohr	uho
Operation	operạcija
Pilzinfektion	gljịvična ịnfekcija
Plombe	plomba
Pocken	vẹlike bọginje
Praxis	ordinạcija
Prellung	izljev krvi
Prothese	protẹza
Puls	bilo, puls
Quetschung	zgnječẹnje

Rheuma	ręuma
Rippe	rebro
röntgen	rendgenizịrati
Röteln	rubeọla
Rücken	leđa n pl
Rückenschmerzen	bọlovi u lẹđima
Rückgrat	kičma
Salmonellen	salmonẹle
Schädel	lụbanja
Scharlach	šarlah
Schienbein	cjevạnica
Schlaflosigkeit	bẹsanica
Schlaganfall	kap f
Schlüsselbein	ključna kost f
Schmerzen	bọlovi
Schnittwunde	posjẹkotina
Schnupfen	hụnjavica
Schulter	rame
Schüttelfrost	drhtavica, grọznica
schwanger/Schwangerschaft	trụdna/trudnọća
Schwellung	ọteklina
Schwindel	vrtọglavica
schwitzen	znọjiti se
Sonnenstich	sunčạnica
Speiseröhre	jednjak
Sprechstunde	vrijẹme ordinịranja
Spritze	injẹkcija
Station	odjel (u bọlnici)
Stich	ubod
Stirnhöhlenentzündung	ụpala sịnusa
Stuhlgang	stọlica
Tetanus	tẹtanus
Trommelfell	bubnjić
Typhus	tịfus
Übelkeit	mučnịna
Ultraschalluntersuchung	pregled ụltrazvukom
Unterleib	donji dio tṛbuha
Untersuchung	pregled
Urin	mọkraća
Verband	zavoj
verbinden	prẹviti
Verbrennung	ọpeklina
Verdauung	prọbava
Verdauungsstörung	prọbavne smetnje f pl

Vergiftung	otrovạnje
verletzen	ozlijẹditi
Verletzung	ọzljeda
verschreiben	prepịsati (lijek)
verstaucht	ụganut
Verstopfung	zatvor, tvrda stọlica
Virus	virus
Wartezimmer	čekaọnica
wehtun	bọljeti
Windpocken	vọdene kọzice **f pl**
Wunde	rana
Zahn	zub
Zahnschmerzen	zubobolja
Zecke	krpelj
Zehe	nožni prst
Zerrung	rastẹzanje mịšića
ziehen (Zahn)	ịzvaditi (zub)
Zunge	jezik

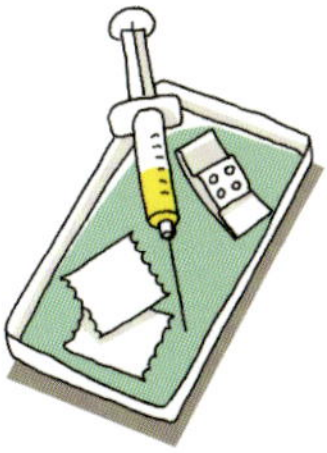

BANK/GELDWECHSEL

Zahlen: Umschlagseite 2

Wo ist hier bitte eine Bank?	Molim Vas gdje je tu neka banka?
Ich möchte ... Euro (Schweizer Franken) in Kuna umwechseln.	Želim promijẹniti … euro (švịcarske franke) u kune.
Können Sie mir bitte sagen, wie heute der Wechselkurs ist?	Molim Vas, mọžete li mi reći, kọliki je danas mjẹnjački tečaj?
Ich möchte diesen Reisescheck einlösen.	Htio (Htjela f) bih ụnovčiti ovaj pụtnički ček. Želim ụnovčiti ovaj pụtnički ček.
Auf welchen Betrag kann ich ihn maximal ausstellen?	Na koji ga nạjviši iznos mogu ispọstaviti?
Darf ich bitte ... sehen?	Molim …
Ihren Pass	Vašu putọvnicu.
Ihren Ausweis	Vašu ọsobnu ịskaznicu.
Würden Sie bitte hier unterschreiben?	Izvọlite ovdje potpịsati.
Der Geldautomat akzeptiert meine Karte nicht.	Bạnkomat ne prịhvaća moju kạrticu.
Der Geldautomat gibt meine Karte nicht mehr heraus.	Automat mi ne vraća karticu.

auszahlen	isplạtiti
Bank	banka
Betrag	iznos
Cent	cent
Chipkarte	chip kartica
Euro	euro
Formular	obrạzac, formụlar
Geheimzahl	šifra, tajni broj
Geld	novac
Geldautomat	autọmat za izdạvanje novca
Geldschein	novčạnica
Geldwechsel	mjẹnjanje novca
Kasse	blạgajna, kasa
Kleingeld	sitniš
Kreditkarte	krẹditna kạrtica
Kurs	tečaj, (ugs) kurs
Ladeterminal	bankọmat
Münze	novčić, kovan novac
Reisescheck	pụtnički ček
Schalter	šalter
Scheck	ček
Schweizer Franken	švịcarski franak
umtauschen	promijẹniti
Unterschrift	potpis
Währung	valụta
Wechselkurs	mjẹnjački kurs/tečaj
Wechselstube	mjẹnjačnica
Zahlung	plạćanje

FARBEN

> Zeigebilder: Seite 4

beige	bež
blau	plavo
braun	smeđe
einfarbig	jednọbojno
farbig	u boji
gelb	žuto
goldfarben	zlatno
grau	sivo
grün	zẹleno

lila	ljụbičasto; lila
orange	nạrančasto
rosa	rụžičasto
rot	crveno
schwarz	crno
silberfarben	srẹbreno
türkis	tirkiz
violett	ljụbičasto
weiß	bijelo
hellblau/hellgrün	svijẹtlo plavo/svijetlo zeleno
dunkelblau/dunkelgrün	tamno plavo/tamno zeleno

FOTOGRAFIEREN

Zeigebilder: Seite 57

Darf ich Sie fotografieren?	Smijem li Vas fotografirati?
Ist hier Fotografieren erlaubt?	Je li tu dopušteno fotografirati.
Könnten Sie bitte ein Foto von uns machen?	Molim Vas, možete li nas fotogrạfirati?
Drücken Sie bitte auf diesen Knopf.	Molim Vas, prịtisnite ovaj gumb.
Danke, das ist sehr freundlich!	Hvala, to je vrlo ljubazno!

FUNDBÜRO

Wo ist das Fundbüro, bitte?	Molim Vas gdje je ured za ịzgubljene stvari?
Ich habe ... verloren.	Izgụbio (Izgụbila f) sam …
Ich habe meine Handtasche im Zug vergessen.	Zabọravio (Zabọravila f) sam tọrbicu u vlaku.
Benachrichtigen Sie mich bitte, wenn sie gefunden werden sollte.	Molim obavijẹstite me ako je netko nađe.
Hier ist meine Hotelanschrift.	Ovo je moja họtelska adrẹsa.

INTERNETCAFÉ

Wo gibt es in der Nähe ein Internetcafé?	Gdje je ovdje u blịzini internetcafe?
Wieviel kostet eine Stunde?/ Viertelstunde?	Koliko košta jedan sat?/čẹtvrtina sata?
Kann ich bei Ihnen skypen?	Je li mọgu kod Vas na Skype?
Kann ich mein Gerät bei Ihnen aufladen?	Mogu li kod Vas napụniti svoj apạrat?
Haben Sie ein passendes Ladegerät für mich?	Ịmate li odgovạrajući punjač za mene?
Kann ich eine Seite ausdrucken?	Mogu li ịsprintati jednu stranicu?
Kann ich bei Ihnen Fotos von meiner Digitalkamera auf CD brennen?	Mogu li fotografije s moje digitalne kamere kod Vas spržiti na cd?
Haben Sie auch ein Headset zum Telefonieren?	Imate li slušalice s mikrofonom za telefoniranje?

KINDER UNTERWEGS

Gibt es auch Kinderportionen?	Ima li i dječjih pọrcija?
Könnten Sie mir bitte das Fläschchen warm machen?	Mọžete li mi ugrịjati bọčicu?
Haben Sie einen Wickelraum?	Ịmate li prostọriju za prevịjanje?
Wo kann ich stillen?	Gdje mogu nadọjiti dijete?
Bitte bringen Sie noch einen Kinderstuhl.	Molim Vas donẹsite jednu dječju stọlicu.

Babybett	krevetić za bebu
Babyfon	dọjavljivač za bebe
Baby-/Kindernahrung	djẹčija hrana
Babysitter	čuvatẹljica djece, bebisiter (ugs)
Fläschchenwärmer	uređaj za grịjanje bočice
Kinderautositz	autosjẹdalo za djecu
Kinderbetreuung	čụvanje djece
Kinderermäßigung	popust za djecu
Kinderkrankenhaus	dječja bọlnica
Planschbecken	dječji bazen
Saugflasche	bọčica
Schnuller	duda vạralica

Schwimmflügel	krilca za plịvanje
Schwimmring	pojas za plịvanje
Spielkameraden	drụgovi u igri
Spielplatz	ịgralište
Spielsachen	ịgračke
Wickeltisch	stol za previjanje
Windeln	pẹlene

POLIZEI

Wo ist bitte das nächste Polizeirevier?	Molim Vas gdje je nạjbliža polịcijska pọstaja?
Ich möchte einen ... anzeigen.	Htio (Htjela f) bih prijạviti …
Diebstahl	krađu.
Verlust	gubịtak.
Unfall	nẹsreću.
Ich bin überfallen/ vergewaltigt worden.	**Netko me nạpao/sịlovao.**
Mir ist ... gestohlen worden.	Netko mi je ụkrao …
die Handtasche	tọrbicu.
der Geldbeutel	lịsnicu.
mein Fotoapparat	moj foto-apạrat.
mein Auto/Fahrrad	moj ạuto/bicịkl.
Mein Auto ist aufgebrochen worden.	Netko je provạlio u moj ạuto.
Ich habe ... verloren.	Izgụbio (Izgụbila f) sam …
Mein Sohn/Meine Tochter ist verschwunden.	Moj sin je nẹstao/Moja kći je nẹstala.
Können Sie mir bitte helfen?	Molim Vas mọžete li mi pọmoći?
Ich möchte einen Anwalt sprechen.	**Htio/htjela (f) bih razgovạrati s ọdvjetnikom.**
Wenden Sie sich bitte an das ...	Molim Vas obrạtite se na …
deutsche Konsulat.	njẹmački konzụlat.
österreichische Konsulat.	ạustrijski konzụlat.
Schweizer Konsulat.	švịcarski konzụlat.

anzeigen	prijạviti
aufbrechen	provạliti
Autoradio	ạuto-rạdio
Autoschlüssel	ključ od auta
belästigen	nạpadati, dosađịvati

beschlagnahmen	zaplijẹniti
Brieftasche	lịsnica
Dieb	krạdljivac, lopov
Diebstahl	krađa
Gefängnis	zatvor
Geld/Geldbörse	novac/novčạnik
Gericht	sud
Papiere	ịsprave, dokụmenti
Personalausweis	ọsobna ịskaznica
Polizei	polịcija
Polizist/in	policạjac/policạjka
Rauschgift	droga
Rechtsanwalt/-anwältin	ọdvjetnik/-nica
Reisepass	putọvnica
Richter/in	sudac/sụtkinja
Scheck	ček
Scheckkarte	čẹkovna karta
Schlüssel	ključ
Taschendieb	džepar
Überfall	prepad
Verbrechen	zločin
Vergewaltigung	sịlovanje
verhaften	ụhititi
verlieren	izgụbiti
zusammenschlagen	rạzbiti

POST

Wo ist ...	Gdje je …
das nächste Postamt?	nạjbliža pošta?
der nächste Briefkasten?	nạjbliži pọštanski sạndučić?
Was kostet ...	Kọliko stoji …
ein Brief ...	pismo …
eine Postkarte ...	dọpisnica …
... nach Deutschland?	… za Njẹmačku?
... nach Österreich?	… za Ạustriju?
... in die Schweiz?	… za Švịcarsku?
Diesen Brief bitte per ...	Ovo pismo molim …
Luftpost.	aviọnom.
Express.	hitno.
Wie lange braucht ein Brief nach Deutschland?	Kọliko pụtuje pismo u Njẹmačku?

Absender	pošịljalac
Adresse	adrẹsa, naslov
aufgeben	prẹdati
ausfüllen	ịspuniti
Bestimmungsort	ọdredište
Brief	pismo, list
Briefkasten	pọštanski sạndučić
Briefmarke	pọštanska marka
Briefumschlag	ọmotnica, kụverta
Eilbrief	hitno pismo
Empfänger	prịmalac
Formular	obrạzac, formụlar
frankieren	frankịrati, plạtiti poštạrinu
Gebühr	poštạrina
Gewicht	težịna
Hauptpostamt	glavna pošta
Leerung	prạžnjenje
Luftpost, mit	aviọnom
Paket	paket
Porto	poštạrina
Postamt	pošta
Postkarte	dọpisnica
Postleitzahl	pọštanski broj
Schalter	šalter
Sondermarke	prịgodna pọštanska marka

TELEFONIEREN

Ich möchte ...	Htio/htjela (f) bih …
eine Telefonkarte.	telẹfonsku karticu.
ein R-Gespräch führen.	vọditi r-razgovor.

WIE DIE EINHEIMISCHEN

Insider Tipp

Kartenbetrieb

In Telefonzellen können Sie nur mit Telefonkarten telefonieren, die Sie in Postämtern, an Zeitungsständen oder in Hotels kaufen können.

Wie ist die Vorwahl von …?	Koji je pọzivni broj za …?
Ich möchte nach … telefonieren.	Htio/htjela (f) bih zvạti u …
Wie viel kostet es pro Minute?	Kọliko stọji (košta ugs.) po minụti?
Hier spricht …	Ovdje je …
Hallo, mit wem spreche ich?	Halo, tko je tamo?
Kann ich bitte Herrn/Frau … sprechen?	Molim, mogu li govọriti s gospọdinom/ gọspođom …?
Würden Sie ihm/ihr bitte sagen, ich hätte angerufen?	Molim, họćete li mu/joj reći da sam zvao (zvala f)?

abnehmen	pọdići slụšalicu
Anruf	poziv
anrufen	telefonịrati, (ugs) nạzvati
Auskunft	Informacije
Auslandsgespräch	ịnozemni rạzgovor
besetzt	zạuzet
durchwählen	dịrektno bịrati
Ferngespräch	mẹđugradski rạzgovor
Gebühr	poštạrina, prịstojba
Gespräch	rạzgovor
Handy	Mobitel
Hörer	slụšalica
Ladekabel	kabel za pụnjenje
Ortsgespräch	mjesni rạzgovor
Prepaid-Karte	kạrtica na bọnove
SIM-Karte	SIM-kạrtica
Smartphone	pạmetan telẹfon
R-Gespräch	R-rạzgovor
Telefon	telẹfon
Telefonbuch	telẹfonski ịmenik
telefonieren	telefonịrati
Telefonkarte	telẹfonska kạrtica
Telefonnummer	telẹfonski broj
Telefonzelle	telẹfonska kabịna
Verbindung	veza
Vermittlung	pọsredovna centrạla
Vorwahlnummer	pọzivni broj
wählen	bịrati

HANDY | MOBILNI

Meine Prepaid-Karte ist leer.	Potrọšio/potrọšila (f) sam bọn.
Ich möchte meine Karte aufladen.	Htio/htjela (f) bih nadoplạtiti rạčun (mobitel).
Wie viele Minuten kann ich mit einer Karte für ... Kuna sprechen?	Koliko minuta mogu razgovarati s karticom od … kuna?
Für welches Gebiet gilt diese SIM-Karte?	Za koje područje valja ova SIM-kartica?
Geben Sie mir bitte eine Tarifübersicht.	Molim Vas dajte mi pregled tarifa.
Haben Sie Guthabenkarten der Mobilfunkgesell-schaft ...?	Imate li kartice mobilne kompanije …?
Mein Akku ist leer. Haben Sie ein Ladekabel für mich?	Batẹrija mi je prazna. Ịmate li punjač za mene?

TOILETTE UND BAD

Wo ist bitte die Toilette?	Molim Vas, gdje je toaleta/zahod/wc?
Dürfte ich wohl bei Ihnen die Toilette benutzen?	Molim Vas, smijem li koristiti Vaš wc?
Würden Sie mir bitte den Schlüssel für die Toiletten geben?	Molim Vas, možete li mi dati ključ za wc?

Damen	ženski
Damenbinden	higijenski ụlošci
Handtuch	ručnik
Handwaschbecken	umivaonik
Herren	muški
sauber	čisto
schmutzig	prljavo
Seife	sapun
Stehklosett	čụčavac
Tampons	tampọni
Toilettenpapier	toalẹtni papir
Wasserspülung	vodokọtlić

Wetter: S. 19; Zahlen: Umschlagseite 2; Zeitangaben: S. 16/17

ABKÜRZUNGEN

adj	Adjektiv	jdn	jemanden
adv	Adverb	m	männlich
etw	etwas	n	sächlich
f	weiblich	pl	Plural
jdm	jemandem	ugs	umgangssprachlich

DIE 1333 WICHTIGSTEN WÖRTER

Die hinter der kroatischen Übersetzung aufgeführten Zahlen verweisen auf die entsprechenden Seiten der themenbezogenen Kapitel.

Im Kroatischen gibt es fast für jeden Vorgang zwei Zeitformen:

a) der imperfektive Aspekt (die Dauerform) drückt eine gegenwärtige, wiederholte, oftmalige Handlung aus,

b) der perfektive Aspekt (die Augenblicksform) drückt eine einmalige und beendete Handlung aus.

piti – pọpiti	trinken
Pijem vino uz jelo.	Ich trinke Wein zum Essen.
Pọpio sam čašu vina.	Ich habe ein Glas Wein getrunken.

Im Folgenden sind beide Aspekte angeben. Der erste bezeichnet die Dauerform, der zweite die Augenblicksform.

A

ab od
abbestellen (Zimmer) otkạzati; (Fahr-, Flugkarten) stornịrati
Abend večer f; veče n; **am ~** nạvečer
aber ali
Abfahrt ọdlazak > 32, 34
Abflug odlazak > 29
ablaufen ịstjecati/ịsteći
ablehnen odbịjati/ọdbiti
Abreise ọdlazak > 69
abreisen (nach) otputọvati (u)
Abschied nehmen oprạštati se/oprọstiti se > 12
abschleppen vući, ọdvući > 24 f.
Absender pošịljalac > 115
abwärts nạniže
Achtung! pozor!; (bei Durchsagen) upozorẹnje
Adresse adrẹsa, naslov > 115
Adria Jadran
akklimatisieren, s. ~ aklimatizịrati se
Aktivurlaub aktivni odmor > 83 ff.
Algen alge
alle svi, sve, sva
allein sam/a/o
alles sve
als (zeitlich) kad(a); (bei Vergleich) nego, od
also dakle
alt (nicht frisch) star; (aus früheren Zeiten) starịnski
Alter dob f, starost f > 14
Amt (Dienststelle) ured
an na, pri; **~ der Save** na Savi
anbieten nụditi/pọnuditi
andere, der ~ drugi; **ein ~r** neki drugi
ändern mijẹnjati
anders adv drụkčije
Anfang počẹtak
Angst strah
anhalten zaụstavljati/zaụstaviti
ankommen stići > 32
Ankunft dọlazak > 33
Anmeldung prijava
Anreisetag dan dọlaska

WÖRTERBUCH

Anruf poziv >116
anrufen telefonịrati, nạzvati
Anschluss veza >30 f.
Anschrift adrẹsa, naslov
anstatt ụmjesto
anstrengend nạporan
antworten odgovạrati/odgovọriti
Apotheke ljẹkarna, apotẹka >54 f., 58
Appetit tek, apẹtit
arbeiten rạditi
ärgern, s. ~ über ljụtiti se zbog/na
arm sirọmašan
Art način
Arzt liječnik >102 ff.
auch takọđer; **~ nicht** ni
auf na
aufbrechen obijati/ọbiti, provạliti (u)
Aufenthalt bọravak; (Zug) zadržạvanje >32
aufgeben (Gepäck, Post) predạvati/prẹdati >31
aufhören prẹstajati/prẹstati
aufpassen (auf) pạziti/prịpaziti (na)
aufstehen ụstajati/ụstati
Augenblick trenụtak
aus (Herkunft) iz; **~ Zagreb** iz Zạgreba; (Material) od; (Grund) zbog
Ausfahrt izlaz (kolni)
Ausflug izlet >79
ausfüllen (Formular) pọpuniti
Ausgang izlaz
Auskunft ọbavijest f, informạcija >8 f., 20 f., 23, 29, 31, 33 f., 76
Ausländer stranac
außen vani; **von ~** izvạna
außer osim
außerdem osim toga
Aussicht pogled, vidik
aussprechen izgovạrati/izgovọriti
aussteigen sići >32, 34
Ausweis (Personal~) ọsobna ịskaznica
Auto ạuto m; **~ fahren** vọziti ạuto >23 ff.
Autopapiere ịsprave, dokụmenti za ạuto >27, 114

B

Baby novorọđenče, dọjenče >112 f.
Bahnhof kọlodvor, željeznička pọstaja >31 f.
bald skoro; **so ~ wie möglich** što prije
Balkan Balkan
Bank (Geldinstitut) banka; (Sitzbank) klupa
bar zahlen plạćati/plạtiti u gọtovu
Baum drvo
beachten pạziti
Beanstandung prịtužba, reklamạcija >38, 68
beantworten odgovạrati/odgovọriti
bedeuten znạčiti
Bedienung pọsluga
beenden završạvati/završịti
befinden, s. ~ nạlaziti se
befreundet sein biti prịjatelj (m)/prijatẹljica (f) s nekim
befürchten bọjati se
begegnen srẹtati/sresti
beginnen pọčinjati/pọčeti
begleiten prạtiti/ịspratiti
begrüßen pọzdravljati/pọzdraviti >10
behalten zadržạvati/zadṛžati
behindertengerecht prilagođeno ịnvalidnim ọsobama
Behindertentoilette zahod za ịnvalide
Behörde vlast f
bei (nahe) pored
beide oba, obje; ọboje
Beileid sućut f
Beispiel primjer; **zum ~** na primjer
beißen gristi/ụgristi
beklagen, s. ~ (über) žạliti se (na/zbog)
belästigen dosađịvati/dosạditi, nạpadati/nạpasti >113
beleidigen vrijẹđati/uvrijẹditi
benachrichtigen obavješćịvati/obaviještiti
benötigen trẹbati
benutzen upotreblj ạvati/upotrijẹbiti; (Verkehrsmittel) vọziti se
Benzin benzin >23 ff.
Berg brdo
Beruf zanịmanje
beruhigen, s. ~ umịriti se
beschädigen ọštetiti
bescheinigen potvrđịvati/potvṛditi
beschlagnahmen zaplijẹniti
beschließen odlučịvati/odlụčiti
beschweren, s. ~ (über) žạliti/pọžaliti se (na)
besetzt (Platz) zạuzet; (voll) pọpunjen
besichtigen razglẹdati/rạzgledati
Besichtigung razglẹdanje >77 ff.
besitzen pọsjedovati, ịmati
Besitzer vlasnik
besorgen nạbavljati/nạbaviti
bestätigen potvrđịvati/potvṛditi
Besteck pribor za jelo
Bestellung nạrudžba >38 f.
bestimmt adj ọdređen; adv sịgurno
besuchen, jdn ~ posjećịvati/pọsjetiti koga
Betrag iznos
betreten stụpati/stụpiti
betrinken, s. ~ opịjati/ọpiti se
betrügen vạrati/prẹvariti
betrunken pijan; (leicht) pripit
Bett krevet, pọstelja; **zu ~ gehen** ići spạvati
Bewohner stanọvnik
bewusstlos bẹsvjestan, u nesvijesti >104 f.
bezahlen plạćati/plạtiti

Biene pčela
Bild (Foto, Abbildung, Gemälde) slika
billig jeftin
bis do; ~ **jetzt** dosad(a)
bisschen, ein ~ malo
bitte molim, izvoli(te) >12; (Antwort auf Dank) molim; **wie ~?** molim? >12
Bitte molba, zamolba
bitten, jdn um etw ~ moliti koga za što
blau plav, modar
bleiben ostajati/ostati
Blitz (Wetter) munja; (Foto) blic, fleš
Blume cvijet
Blut krv f >105
Boden tlo; (Fuß~) pod
Boot čamac >83 f.
böse zao; (verärgert) ljutit, srdit
Bosnien und Herzegowina Bosna i Hercegovina
Botschaft (dipl. Vertretung) ambasada
Brand požar
brauchen trebati
braun smeđ
brechen lomiti/slomiti
breit širok
Bremse kočnica >24 f.
brennen gorjeti
Brief pismo, list >114 f.
Brieftasche lisnica >114
Brille naočale f pl >59
bringen (her~) donijeti; (weg~) odnijeti
Brot kruh >43, 46, 62
Bruder brat
Buch knjiga
buchstabieren izgovoriti slovo po slovo
Bucht zaljev
Buchung rezervacija >29 f.
Büro ured
Bus autobus >21, 34 f.

C

Café kavana
Camping kampiranje >74 f.
Chef šef
Club/Diskothek klub/diskoteka >80
Computer računala >57
Computerhandlung trgovina računalima >54, 57
Cousin/e bratić/sestrična

D

da (Ort) tu, ovdje; (Grund) pošto; (Zeit) tada
dafür sein biti za
dagegen sein biti protiv
daheim kod kuće
daher (Grund) stoga
damals onda
Dame gospođa, dama
danach zatim
danken zahvaljivati/zahvaliti >12
dann zatim, onda
da sein biti tu
dasselbe isto
Datum datum, nadnevak >17
Dauer trajanje
dauern trajati
Decke (Bett~) pokrivač, (ugs) deka; (Zimmer~) strop
defekt pokvaren >24 f.
dein tvoj
denken an misliti na
denn jer
deshalb zato
Deutsche, der/die ~ Nijemac/Njemica
Deutschland Njemačka
dich tebe
dick debeo; (geschwollen) otečen, nadut
Diebstahl krađa >113 f.
diese(r, s) ova, ovaj, ovo
Ding stvar f
dir tebi
Direktor direktor, ravnatelj
Diskothek diskoteka >80
doch ta, ipak
Doktor (Titel) doktor; (Arzt) liječnik
doppelt dvostruk
Dorf selo
draußen vani, napolju
drin(nen) unutra
dringend hitan
Drogerie drogerija >54, 56
du ti
dumm glup
dunkel taman
dünn tanak
durch (quer ~) kroz; (mittels) pomoću
Durchgang prolaz (pješački)
Durchreise proputovanje, prolazak; **auf der ~** na proputovanju, prolasku
Durchreisevisum prolazna viza
durchschnittlich adj prosječan; adv prosječno
dürfen smjeti
durstig sein biti žedan

E

eben (flach) ravan; (zeitlich) upravo
Ebene ravnica
echt pravi
Ecke ugao m
Ehe brak
Ehefrau žena, supruga
Ehemann muž, suprug

Ehepaar bračni par, supružnici
Ei jaje
Eigenschaft osobina
Eigentümer vlasnik
eilig hitan; **es ~ haben** žuriti se
ein(e) jedan m, jedna f, jedno n
Einfuhr uvoz
Eingang ulaz (pješački)
einige nekoliko
einigen složiti se
einkaufen kupovati/kupiti >52 ff.
einladen pozivati/pozvati
einmal jedanput
einreisen ući u zemlju, doputovati
eins jedan
einsam osamljen
eintreten ulaziti/ući
Eintrittskarte ulaznica >81
Einwohner stanovnik
Eisenbahn željeznica >31 f.
Elektrohandlung trgovina električnom robom >54, 57
Eltern roditelji m pl
E-Mail-Adresse e-mail adresu >8
Empfang (Erhalt) primitak
Empfänger primalac >115
empfehlen preporučiti
enden svršiti (se)
endgültig adj konačan; adv konačno
endlich napokon
englisch engleski
Enkel/in unuk/unuka
entdecken otkriti
entfernt udaljen
entgegengesetzt suprotan
entlang uzduž
entscheiden odlučivati/odlučiti
entschließen, s. ~ odlučiti se
Entschluss odluka
entschuldigen oprostiti; **~ Sie bitte** oprostite, molim >12; **s. ~** ispričati se
Entschuldigung! Oprostite!/Pardon! >12
enttäuscht razočaran
entweder ... oder ili … ili
entwickeln razvijati/razviti
er on
Erde zemlja
Erdgeschoss prizemlje
ereignen, s. ~ događati/dogoditi se
Ereignis događaj
erfahren verb doznati; (adj) iskusan
erfreut (über) radostan (zbog)
Ergebnis rezultat
erhalten primati/primiti; (durch Bemühung) održati (se)
erhältlich, ist ~ dobije se
erholen, s. ~ oporavljati/oporaviti se
erinnern, jdn an etw ~ podsjetiti koga na; **s. ~** sjećati se
erkennen prepoznavati/prepoznati
erklären (angeben) izjavljivati/izjaviti; (deutlich machen) razjasniti
erkundigen, s. ~ raspitivati/raspitati se
erlauben dopuštati/dopustiti
Erlaubnis dozvola
erledigen obavljati/obaviti
Ermäßigung popust >31 f.
ernst ozbiljan
erreichen postizati/postići, dosezati/dosegnuti
Ersatz (Schaden~) odšteta, nadoknada
erschöpft iscrpljen
erschrecken plašiti/uplašiti; (erschrocken sein) uplašiti se
ersetzen zamijeniti; (Schaden) nadoknaditi
erst (zuerst) najprije; (nicht früher als) tek
Erwachsene(r) odrasli m , /-la f
erzählen pričati/ispričati
Erziehung odgoj
es gibt ima
essbar jestiv
essen jesti
Essen (Nahrung) jelo; (Mahlzeit) obrok >36 ff., 62; **beim ~** pri jelu
etwa otprilike
etwas nešto; (ein wenig) malo
euch vas, vama
euer vaš
Euro euro >109 f.
Europa Europa, Evropa
Europäer/in Europljanin/Europljanka

F

Fabrik tvornica
fahren voziti; (lenken) upravljati
Fahrkarte vozna karta >32, 34
Fahrplan red vožnje >32
Fahrrad bicikl >23 ff.
Fahrstuhl lift, dizalo
Fahrt vožnja
fallen padati/pasti
falsch pogrešan; (betrügerisch) lažan
Familie obitelj f
Familienname prezime >22
Farbe boja
faul lijen; (Obst) truo
fehlen nedostajati, (ugs) faliti
Fehler (den man macht) pogreška; (den man hat) mana
Feiertag blagdan >18 f.
Feld polje
Fels stijena

Ferien (školski) prąznici m pl, fęrije n pl; **in ~** za vrijęme prąznika/fęrija
Ferienhaus turįstička kuća >9, 72 f.
Ferngespräch męđugradski rązgovor >116
fertig (bereit) spreman; (vollständig) gotov
fest (hart) čvrst; (dauernd) stalan
Festland kopno
fett mastan
feucht vlažan
Feuer vatra, požar
Feuerlöscher vatrǫgasna sprava
Feuermelder javljač pǫžara
Feuerwehr vatrogąsci m pl
Film film >81
finden nąlaziti/naći
Firma tvrtka, firma (ugs)
Fisch riba >45, 47
Flasche boca, flaša (ugs)
Fleisch meso >44, 48
Fliege muha
fliegen lętjeti
fließen teći
Flirt flert >15 f.
Flug let >29 f.
Flughafen ąerodrom, zračna luka >29 f.
Flugzeug zrąkoplov, avįon >29 f.
Fluss riję̨ka
folgen slijędititi
fordern zahtijęvati
Formular ǫbrazac, formųlar; **ein ~ ausfüllen** įspuniti formųlar >110
fort ǫdsutan, ǫtišao
fortsetzen nąstavljati/nąstaviti
Foto fotogrąfija
Fotoartikel fotǫpribor >54, 57
fotografieren snįmati, fotografįrati
Frage pįtanje
fragen pįtati/upįtati
frankieren frankįrati, plątiti poštąrinu >115
französisch frąncuski
Frau žena; (Anrede, vor Namen) gǫspođa; (Ehe~) sųpruga
Fräulein gǫspođica
frei slǫbodan; (gratis) bęsplatan; **im Freien** na ǫtvorenom
fremd (ausländisch) stran, tuđ; (unbekannt) nępoznat
Fremde, der/die ~ stranac/strąnkinja
Fremdenführer vodič >77 f.
Freude radost f, vesęlje
freuen, s. ~ auf/über rądovati se
Freund/in prijatelj/prijatęljica
freundlich ljųbazan
Freundlichkeit ljųbaznost f
Friede mir
frieren zepsti
frisch svjež; (Wäsche) čist
Friseur frizer, brijač >54, 58 f.
froh (zufrieden) ządovoljan; (glücklich) sretan; (lustig) vęseo
früh rani
Frühstück dǫručak >43, 45 f., 68, 70
fühlen ǫsjećati/ǫsjetiti
Führer (für Fremde) vodič
Führerschein vǫzačka dǫzvola >22, 25
Führung razgledąvanje s vǫdičem >77 f.
Fundbüro ured za įzgubljene stvari >111
funktionieren rąditi, funkcionįrati
für za
fürchten, s. ~ vor bǫjati se
fürchterlich strašan

G

Gabel vįljuška, vįlica
Gang (Auto) brzįna; (Durchgang) prolaz; (Essen) red jela
ganz adj čitav, sav, sva, svo; pl svi, sve, sva; (vollständig) potpun; adv sasvim
Garage garąža
Garantie garąncija, jamstvo
Garten vrt
Gast gost
Gastgeber/in domąćin/-ćica
Gasthaus, Gasthof gostiǫnica
Gebäude zgrada >78
geben dati
Gebet mǫlitva
Gebirge pląnina, gora >79
geboren rođen
Gebühr (Post) poštąrina >115; (sonstige ~) pristǫjba
Geburt rođęnje
Geburtstag rǫđendan
Geburtsdatum datum rođęnja >22
Geburtsname djęvojačko pręzime >22
Geburtsort mjesto rođęnja >22
Gedanke mįsao f
gefährlich ǫpasan
Gefallen ųsluga
Gefängnis zatvor >114
Gefühl ǫsjećaj
gegen (wider) protiv; (in Richtung auf) prema; (zeitlich) oko
Gegend kraj
Gegenstand (Gesprächs~, Ding) predmet
Gegenteil sųprotnost f; **im ~** nąprotiv
geheim tajan
gehen ići; (zu Fuß) hǫdati
gehören prįpadati
Geistlicher svęćenik, župnik
gelb žut
Geld novac >109 f.

Geldautomat automat za izdavanje novca >109 f.
Geldbeutel novčanik
Geldstück kovan novac
Geldwechsel mjenjanje novca >109 f.
Gelegenheit prilika
gemeinsam adj zajednički; adv zajedno
gemischt miješan, mješovit
Gemüse povrće >41
genau točan; **~so ... wie** isto tako … kao i
genießen uživati
genug dosta
geöffnet otvoren
Gepäck prtljaga >30 ff.
geradeaus ravno, pravo
Gericht (Essen) jelo; (Justiz) sud
gern rado; **nicht ~** nerado
Geruch miris
Geschäft (Laden, Handel) trgovina, (ugs) dućan >52 ff.
geschehen događati/dogoditi se
Geschenk poklon
Geschichte povijest f, historija
geschlossen zatvoren
Geschmack (Speise) okus; (Mode, Kultur) ukus
Geschwindigkeit brzina
Gesellschaft društvo
Gespräch razgovor
gesund zdrav
Gesundheit zdravlje
Getränk piće >45, 50 f.
getrennt odvojen
Gewicht težina
gewinnen dobiti
gewiss adj izvjestan, siguran; adv sigurno
Gewitter oluja
gibt, es ~ ima
Gift otrov
Gipfel vrh
Gitarre gitara
Glas (Scheibe) staklo; (Trink~) čaša
Glaube vjera
glauben vjerovati
gleich jednak; (sofort) odmah
Glück sreća; **viel ~!** sretno!
glücklich sretan
Glückwunsch čestitka >12
Gott bog; **~ sei Dank!** hvala bogu!
Gottesdienst služba božja, misa >78
Grab grob
Grad stupanj
gratulieren čestitati
grau siv
Grenze granica
Grieche Grk
Griechenland Grčka
Griechin Grkinja
groß velik; (bedeutend) važan
Größe (auch Kleidung, Schuhe) veličina, broj
Großmutter baka
Großvater djed
grün zelen
Grund razlog; (Beweg~) pobuda
Gruppe skupina
grüßen pozdravljati/pozdraviti
gültig važeći, valjan >22
gut adj dobar; adv dobro

H

Haar kosa >58 f.
haben imati
Hafen luka >33
halb po(l)
hallo! halo!
halt! stoj!
halten (fest~) držati; (stehen bleiben) stati
Haltestelle stajalište, postaja >34
Handy mobitel >117
hart tvrd
hässlich ružan
häufig adv često
Haus kuća, dom
Hausbesitzer kućevlasnik >72
hausgemacht domaći >40
Haushaltswaren kućne potrepštine >73 ff.
heilig svet
Heimat zavičaj, domovina
heimlich potajan
Heimreise povratak kući
heiraten (beim Mann) oženiti se; (bei der Frau) udati se
heiß vruć
heißen zvati se
heiter vedar
Heizung grijanje >68, 70 f.
helfen, jdm ~ pomagati/pomoći komu
hell svijetao
herein! naprijed!
hereinkommen ući
Herkunft porijeklo >14
Herr gospodin
heute danas; **~ Abend** večeras; **~ Nacht** noćas
hier ovdje
Hilfe pomoć f; **erste ~** prva pomoć f
Himmel nebo
hinlegen polagati/položiti; **s. ~** leći
hinsetzen, s. ~ sjesti
hinter iza, za
Hobby hobi m
hoch visok
Hochzeit (Feier) svadba, pir m pl
hoffen nadati se

höflich ụljudan
Höhe visịna
Holz drvo
Honorar honọrar
hören čuti; (zu~) slụšati
Hotel hotel >6 ff., 66 ff.
hübsch zgodan
Hügel brežụljak
Hund pas
Hunger glad m/f
hungrig sein biti gladan
Hütte kọliba; (Berg~) alpska kụćica

I

ich ja
Idee idẹja
ihr pers prn vi; poss prn f sing njẹzin, njẹzina, njẹzino; pl njihov
Imbiss zạkuska
immer ụvijek
imstande sein moći
in u
inbegriffen ụračunat
informieren informịrati, obavịjestiti
Inhalt sạdržaj
innen ụnutra
Innenstadt centar grada
innerhalb (zeitlich) u roku od
Insekt kukac, insekt
Insel otok
interessieren, s. ~ (für) zanịmati se (za)
international međunạrodni
Internet internet >8
irren, s. ~ vạrati se
Irrtum zạbluda
Italien Ịtalija
Italiener/in Talịjan/Talịjanka
italienisch talịjanski

J

Jahr gọdina
Jahreszeit gọdišnje doba n >18
jeder adj/prn svaki; **~ beliebige** bilo tko
jedes Mal svaki put
jemand netko
jetzt sad(a)
jucken svṛbjeti
Jugendherberge ọmladinsko svrạtište/hostel (ugs) >66, 75
jung mlad
Junge mladić
Junggeselle nẹženja m

K

Kabine kabịna >33
Kaffee kava >46, 50
kalt hladan
Kanal kanal
Kapelle (Gebäude) kapẹla >78; (Musik~) mụzička
kaputt pọkvaren, ụništen
Käse sir >43, 49, 62
Kasse blạgajna, kasa (ugs)
Katze mačka
Kauf kupọvina
kaufen kupọvati/kụpiti
kaum jedva
Kaution polog, jạmčevina
kein nijẹdan
keiner nijẹdan, nitko
keinesfalls nịkako
Kellner/in kọnobar/ica
kennen znati
kennenlernen upoznạvati/upọznati >10 ff.
Kind dijẹte
Kino kino >80 f.
Kirche crkva >78
Kissen jastuk
Kleidung ọdjeća >60 f.
klein malen; (Alter) mlad
Kleingeld sitniš >110
Klima klima
Klingel zvonce
klingeln zvọniti
klug pạmetan
Kneipe krčma, (ugs) bịrtija >80
knipsen (ugs) škljọcati/škljọcnuti
kochen (Essen zubereiten) kụhati; (Wasser) vreti
Koffer kovčeg, kofer
Kohle ugalj
kommen doći
Kompass kompas
Komplimente komplimenti >13
Kondom prezervạtiv, kondom
Konfession vjera, rẹligija
können moći, znati; (gelernt haben) ụmjeti
Konsulat konzụlat >113
Kontakt dodir, veza
kontrollieren kontrolịrati, nadzịrati
Konzert koncert >80 f.
Körper tijẹlo
kosten stạjati, (ugs) kọštati
krank bọlestan; **~ werden** razbọljeti se >104 ff.
Krankenhaus bọlnica >105
Krankenwagen bọlnička kola
Krankheit bolest f >104 ff.
Kreditkarte krẹditna kạrtica >52, 69, 110
Krieg rat
kritisieren kritizịrati
Kroate Hṛvat
Kroatien Hṛvatska

Geldautomat autọmat za izdạvanje novca > 109 f.
Geldbeutel novčạnik
Geldstück kovan novac
Geldwechsel mjẹnjanje novca > 109 f.
Gelegenheit prịlika
gemeinsam adj zạjednički; adv zạjedno
gemischt mijẹšan, mješọvit
Gemüse pọvrće > 41
genau točan; **~so ... wie** isto tako … kao i
genießen užịvati
genug dosta
geöffnet ọtvoren
Gepäck prtljạga > 30 ff.
geradeaus ravno, pravo
Gericht (Essen) jelo; (Justiz) sud
gern rado; **nicht ~** nẹrado
Geruch miris
Geschäft (Laden, Handel) tṛgovina, (ugs) dućan > 52 ff.
geschehen događati/dogọditi se
Geschenk poklon
Geschichte pọvijest f, hịstorija
geschlossen zạtvoren
Geschmack (Speise) okus; (Mode, Kultur) ukus
Geschwindigkeit brzịna
Gesellschaft društvo
Gespräch rạzgovor
gesund zdrav
Gesundheit zdravlje
Getränk piće > 45, 50 f.
getrennt ọdvojen
Gewicht težịna
gewinnen dọbiti
gewiss adj ịzvjestan, sịguran; adv sịgurno
Gewitter olụja
gibt, es ~ ima
Gift otrov
Gipfel vrh
Gitarre gitạra
Glas (Scheibe) staklo; (Trink~) čaša
Glaube vjera
glauben vjẹrovati
gleich jednak; (sofort) odmah
Glück sreća; **viel ~!** sretno!
glücklich sretan
Glückwunsch čẹstitka > 12
Gott bog; **~ sei Dank!** hvala bogu!
Gottesdienst služba božja, misa > 78
Grab grob
Grad stupanj
gratulieren čestịtati
grau siv
Grenze grạnica
Grieche Grk
Griechenland Grčka
Griechin Gṛkinja
groß velik; (bedeutend) važan
Größe (auch Kleidung, Schuhe) veličịna, broj
Großmutter baka
Großvater djed
grün zelen
Grund razlog; (Beweg~) pọbuda
Gruppe skụpina
grüßen pọzdravljati/pọzdraviti
gültig vạžeći, valjan > 22
gut adj dobar; adv dobro

H

Haar kosa > 58 f.
haben ịmati
Hafen luka > 33
halb po(l)
hallo! halo!
halt! stoj!
halten (fest~) dṛžati; (stehen bleiben) stati
Haltestelle stạjalište, pọstaja > 34
Handy mobitel > 117
hart tvrd
hässlich ružan
häufig adv često
Haus kuća, dom
Hausbesitzer kućẹvlasnik > 72
hausgemacht dọmaći > 40
Haushaltswaren kućne potrẹpštine > 73 ff.
heilig svet
Heimat zạvičaj, domọvina
heimlich pọtajan
Heimreise pọvratak kući
heiraten (beim Mann) ožẹniti se; (bei der Frau) ụdati se
heiß vruć
heißen zvati se
heiter vedar
Heizung grịjanje > 68, 70 f.
helfen, jdm ~ pomạgati/pọmoći komu
hell svijẹtao
herein! nạprijed!
hereinkommen ući
Herkunft porijeklo > 14
Herr gospọdin
heute danas; **~ Abend** večẹras; **~ Nacht** noćas
hier ovdje
Hilfe pomoć f; **erste ~** prva pomoć f
Himmel nebo
hinlegen polạgati/polọžiti; **s. ~** leći
hinsetzen, s. ~ sjesti
hinter iza, za
Hobby hobi m
hoch visok
Hochzeit (Feier) svadba, pir m pl
hoffen nạdati se

höflich ụljudan
Höhe visịna
Holz drvo
Honorar honọrar
hören čuti; (zu~) slụšati
Hotel hotel >6 ff., 66 ff.
hübsch zgodan
Hügel brežụljak
Hund pas
Hunger glad m/f
hungrig sein biti gladan
Hütte kọliba; (Berg~) alpska kụćica

I

ich ja
Idee idẹja
ihr pers prn vi; poss prn f sing njęzin, njęzina, njęzino; pl njihov
Imbiss zạkuska
immer ụvijek
imstande sein moći
in u
inbegriffen ụračunat
informieren informịrati, obavijestiti
Inhalt sạdržaj
innen ụnutra
Innenstadt centar grada
innerhalb (zeitlich) u roku od
Insekt kukac, insekt
Insel otok
interessieren, s. ~ (für) zanịmati se (za)
international međunạrodni
Internet internet >8
irren, s. ~ vạrati se
Irrtum zạbluda
Italien Ịtalija
Italiener/in Talịjan/Talịjanka
italienisch talịjanski

J

Jahr gọdina
Jahreszeit gọdišnje doba n >18
jeder adj/prn svaki; **~ beliebige** bilo tko
jedes Mal svaki put
jemand netko
jetzt sad(a)
jucken svṛbjeti
Jugendherberge ọmladinsko svrạtište/hostel (ugs) >66, 75
jung mlad
Junge mladić
Junggeselle nęženja m

K

Kabine kabịna >33
Kaffee kava >46, 50
kalt hladan
Kanal kanal
Kapelle (Gebäude) kapẹla >78; (Musik~) mụzička
kaputt pọkvaren, ụništen
Käse sir >43, 49, 62
Kasse blạgajna, kasa (ugs)
Katze mačka
Kauf kupọvina
kaufen kupọvati/kụpiti
kaum jedva
Kaution polog, jạmčevina
kein nijẹdan
keiner nijẹdan, nitko
keinesfalls nịkako
Kellner/in kọnobar/ica
kennen znati
kennenlernen upoznạvati/upọznati >10 ff.
Kind dijẹte
Kino kino >80 f.
Kirche crkva >78
Kissen jastuk
Kleidung ọdjeća >60 f.
klein malen; (Alter) mlad
Kleingeld sitniš >110
Klima klima
Klingel zvonce
klingeln zvọniti
klug pạmetan
Kneipe krčma, (ugs) bịrtija >80
knipsen (ugs) škljọcati/škljọcnuti
kochen (Essen zubereiten) kụhati; (Wasser) vreti
Koffer kovčeg, kofer
Kohle ugalj
kommen doći
Kompass kompas
Komplimente komplimenti >13
Kondom prezervạtiv, kondom
Konfession vjera, rẹligija
können moći, znati; (gelernt haben) ụmjeti
Konsulat konzụlat >113
Kontakt dodir, veza
kontrollieren kontrolịrati, nadzịrati
Konzert koncert >80 f.
Körper tijẹlo
kosten stạjati, (ugs) kọštati
krank bọlestan; **~ werden** razbọljeti se >104 ff.
Krankenhaus bọlnica >105
Krankenwagen bọlnička kola
Krankheit bolest f >104 ff.
Kreditkarte krẹditna kạrtica >52, 69, 110
Krieg rat
kritisieren kritizịrati
Kroate Hṛvat
Kroatien Hṛvatska

Kroatin Hrvatica
kroatisch hrvatski
Küche kuhinja
kühl hladan
Kultur kultura >76 ff.
Kummer jad, briga
kümmern, s. ~ um brinuti se za
Kurs (Unterricht, Wechsel~) tečaj, kurs
Kurve zavoj
kurz (räumlich) kratak; (kurzgefasst) sažet
kürzlich nedavno
Kuss poljubac
küssen ljubiti/poljubiti
Küste obala >33

L

lachen smijati se
Laden trgovina, prodavaonica, (ugs) dućan >52 ff.
Lage položaj
Land zemlja; (Gegensatz zu Wasser) kopno
Landkarte geografska karta, mapa, zemljovid >65
Landschaft predio, krajolik >79
lang dug(ačak)
Länge duljina
langsam adj polagan, spor
langweilig dosadan
Lärm buka
lassen (zulassen) dopuštati/dopustiti
lästig nesnosan, dosadan
Lastwagen kamion
laufen trčati
laut glasan; **~ sprechen** glasno govoriti
Lautsprecher zvučnik
Leben život
leben živjeti
Lebensmittel namirnice f pl, >41 ff., 62 f.
ledig (Mann) neoženjen; (Frau) neudata >22
leer prazan
legen stavljati/staviti
leicht (einfach) olako; (Gewicht) lagan
leider nažalost
leihen (ver~) posuđivati/posuditi (komu)
leise tih; **~ sprechen** tiho govoriti
Leiter/in voditelj/voditeljica
lesen čitati/pročitati
letzte(r, s) posljednja/-nji/-nje
Leute ljudi m pl
Licht svjetlo; **~ anmachen/ausmachen** upaliti/ugasiti
lieb drag; **jdn ~haben** voljeti koga
lieben voljeti, ljubiti
liebenswürdig ljubazan
lieber radije; **~ haben** više voljeti
Lied pjesma
liegen (s. befinden) nalaziti se; (ausgestreckt sein) ležati
links lijevo
Loch rupa
Löffel žlica
Lohn nadnica, plaća
Lokal (Gaststätte) gostionica, restoran
löschen gasiti/ugasiti
Luft zrak
Lüge laž f
lustig veseo; (erheiternd) zabavan

M

machen (herstellen) praviti/napraviti
Mädchen (junges ~) djevojka; (kleines ~) djevojčica
Mahlzeit obrok
Makedonien Makedonija
Makedonier/in Makedonac/Makedonka
Mal put(a); **einmal** jedanput; **jedes Mal** svaki put
manchmal ponekad
Mangel (Fehlen) nedostatak; (Fehler) mana
Mann muškarac; (Ehe~) muž, suprug
männlich muški
Markt tržnica >54, 79
Maschine stroj
Maß mjera
Medikament lijek >55, 58, 104
Meer more
mehr više; **~ als** više nego
mein moj
meinen misliti
Meinung mišljenje; **meiner ~ nach** po mom mišljenju
Mensch čovjek
merken paziti/opaziti; **s. etw ~** pamtiti/zapamtiti
Messe (rel) misa; (Ausstellung) sajam
Messer nož
mich mene, me
Miete najam >7 f., 29, 72
mieten iznajmljivati/iznajmiti >7 f., 29, 72
Mietwagen rent-a-car >29
mindestens najmanje
minus minus, manje
Minute minuta
mir meni, mi
misstrauen nemati povjerenja
missverstehen krivo razumjeti
mit s, sa
mitbringen donositi/donijeti
mitnehmen ponijeti
Mittag podne
Mittagessen ručak >36 ff.
Mitte sredina

mitteilen priopćavati/priopćiti
Mittel sredstvo; (Heil~) lijek >55, 58
Mittelmeer Sredozemno more
Möbel namještaj
Mode moda >60 f.
modern moderan; (neuzeitlich) suvremen
mögen (gern haben) voljeti; (wünschen) željeti
möglich moguć; **so bald wie ~** što prije
Moment trenutak
Monat mjesec >18
Mond mjesec
Montenegriner/in Crnogorac/Crnogorka
Montenegro Crna Gora
Morgen jutro
morgens ujutro
Motor motor
Motorrad motocikl >23 ff.
Mücke komarac
müde umoran
Mühe muka, trud; **s. ~ geben** potruditi se
Müll smeće >72
Münze novčić, kovan novac >110
Museum muzej >77 f.
Musik glazba
müssen morati
Mutter majka, mati f, mama

N

nach (zeitlich) poslije, nakon; **~ Zagreb** u Zagreb
Nachbar/in susjed/a
nachher poslije
nachmittags po podne
Nachricht vijest f
nächste slijedeći, idući
Nacht noć f; **bei ~** noću
Nachtclub noćni klub >80
nackt gol
nahe blizak; **~ bei** blizu
Nahverkehr lokalni promet >34 f.
Name ime
nass mokar; (durchnässt) promočen
Nation narod, nacija
Natur priroda, narav f
natürlich adj prirodan, naravan; adv naravno
neben pokraj
Neffe nećak
nehmen uzimati/uzeti
nennen nazivati/nazvati
nervös nervozan
nett (hübsch) zgodan; (freundlich) prijatan
neu nov; (ungebraucht) nerabljen
neugierig radoznao
Neuigkeit novost f
nicht ne; **~ einmal** niti
Nichte nećakinja
nichts ništa; **sonst ~** ništa više
nie nikad(a)
nieder, niedrig nizak
niemand nitko
nirgends nigdje
noch još; **~ nicht** još ne
Norden sjever
normal normalan
Notausgang izlaz za nuždu >30
Notbremse kočnica za nuždu >32
nötig nužan, potreban
Notrufsäule stup s hitnim telefonom >27
Nummer broj
nur samo

O

ob da li
oben gore
Ober (Anrede) konobar
Obst voće >42, 50
oder ili
Ofen peć f
offen otvoren
öffentlich javan
öffnen otvarati/otvoriti
Öffnungszeiten radno vrijeme
oft često
ohne bez
ohnmächtig onesviješten
Öl ulje
Onkel (Mutters Bruder) ujak, (Vaters Bruder) stric, (Ehemann der Tante) tetak
Optiker optičar >54, 59
Ort mjesto
Ortschaft mjesto
Osten istok
Österreich Austrija
Österreicher/in Austrijanac/Austrijanka
Ozean ocean

P

paar, ein ~ nekoliko
Paar dvoje, par
Päckchen paketić
packen (Koffer) pakirati
Paket paket >115
Panne kvar >24, 27
Papiere isprave, dokumenti >27, 114
Park park
parken parkirati >23
Pass (Ausweis) putovnica; (Gebirge) prijevoj
Passagier putnik >30, 33
passieren događati/dogoditi se; (Grenze ~) prijeći granicu
Passkontrolle kontrola putovnica >22
Pension penzion >8 f., 66 ff.

Person ọsoba
Personal ọsoblje
Personalausweis ọsobna ịskaznica >22, 114
Personalien ọsobni podạci m pl
Pfand zalog; (Flaschen~) kạucija
Pflanze biljka
Pflicht dužnost f
Platz mjesto; (Sitz~) sjẹdalo; (~ in der Ortschaft) trg
plötzlich adj ịznenadan, adv ịznenada, odjẹdnom
plus plus, više
Politik polịtika
Polizei polịcija >113 f.
Portier vratar, portir
Postamt pošta >114 f.
Preis cijẹna
Priester svẹćenik, župnik
pro za
Programm program >81
Promille promil >27
Prozent posto
prüfen ispitịvati/ispịtati
pünktlich točan
putzen čịstiti/ọčistiti

Q

Qualität kvalịtet, kakvọća
Quelle izvor
quittieren dati prịznanicu

R

Rabatt rabat, popust
Rad fahren vọziti se bicịklom >23 ff.
Radio rạdio
Rampe prilaz
Rand rub
rasch adj brz; adv brzo
Rasen travnjak
Raststätte motel >27
raten (Rat erteilen) sạvjetovati; (er~) pogọditi
Rathaus vijẹćnica >78
rauchen pụšiti/pọpušiti
Raucher pušạč
Raum prostor; (Räumlichkeit) prostọrija
rechnen račụnati
Rechnung račun
Recht pravo
recht haben ịmati pravo
rechts desno
rechtzeitig adv pravọvremeno
reden govọriti
regeln sređịvati/srẹditi
Regierung vlada
regnen kịšiti, pạdati (kiša)
reich bogat
reinigen čịstiti/pọčistiti
Reise putovạnje; **auf der ~** na putovạnju
Reisebüro pụtnička agẹncija
Reiseführer vodič >65
reisen (nach) putọvati (u)
Reisepass putọvnica >22, 114
Reiseroute ruta, pravac putovạnja
Reisescheck pụtnički ček >109 f.
reklamieren prigovạrati/prigovọriti, potražịvati >38, 68
Reparatur pọpravak
Reservierung rezervịranje >32, 67, 70
Rest ostạtak; (Stoff~) ostạtak, (ugs) restl
Restaurant restọran >36 ff.
retten spasạvati/spạsiti
Rettungsboot čamac za spasạvanje >33
Rezeption recẹpcija >67 ff.
richtig (Gegensatz zu falsch) ịspravan, točan; (geeignet) pọdesan, priklạdan
Richtung smjer, pravac
riechen mirịsati
Risiko rizik
Rollstuhl invạlidska kolica
rot crven
Route put, pravac
Rückfahrt, Rückkehr pọvratak
rufen zvati, pọzvati
Ruhe odmor; (Stille) tišịna, mir
ruhig miran, tih
rund okrụgao

S

Saal dvorạna
Sache (Ding) stvar f; (Angelegenheit) pọsao m
sagen reći, kạzati
Saison sezọna; **außerhalb der ~** van sezọne
sammeln skụpljati/skụpiti; (auf~) nạkupiti
satt sit
Satz rečẹnica
sauber čist
schade, es ist ~ šteta je; **wie ~!** kakva šteta!
schaden škọditi/nạškoditi, nạštetiti
Schadenersatz nạknada štete
schädlich štetan
Schalter šalter; (el) prekịdač
Schatten sjena
schauen glẹdati
Scheck ček >110
schenken pọklanjati/poklọniti
Scherz šala
schicken slati/pọslati
Schiff brod >33 f.
Schild natpis, tạblica
Schirm kịšobran
schlafen spạvati
schlank vitak

schlecht adj rđav, loš; adv ṛđavo, loše
schließen zatvạrati/zatvọriti
Schloss (Gebäude) dvorac >78; (Tür) brava
Schlüssel ključ >68, 70, 72
Schmerzen bolovi (pl) >104
schmerzen boljeti
Schmuck nakit >63
schmuggeln krijumčạriti, (ugs) švẹrcati
Schmutz prljạvština, nečistọća; (Schlamm) blato
schmutzig prljav, nečist
schneiden rẹzati, sjeći
schneien snijẹžiti, pạdati (snijeg)
schnell adj brz; adv brzo
Schnellimbiss bife m, (buffet)
schon već
schön lijep
schrecklich strašan
schreiben pịsati/napịsati
Schreibwaren pịsaći pribor >65
schreien vịkati/vịknuti
schriftlich pịsmeno
schüchtern stidljiv
Schuh cịpela >63f.
Schuld krivịca; (Geld) dug
schulden dugọvati
Schuss hitac
Schutz zạštita
schwach slab
Schwager šurjak
Schwägerin šurjạkinja
schwanger trudna, nọseća
schwarz crn
Schweigen šutnja
Schweiz Švịcarska
Schweizer/in Švicạrac/-rka
schwer težak
Schwester sestra; (Kranken~) medịcinska sestra
schwierig težak
Schwimmbad plịvalište, kupalište
schwimmen plịvati >82
schwindlig vrtọglav
schwitzen znọjiti se
See (f, Meer) more; (m, Binnengewässer) jẹzero
Seeigel morski jež
sehen vịdjeti, glẹdati
Sehenswürdigkeiten znạmenitosti >76ff.
sehr vrlo, jako
sein verb biti; poss prn njegov
seit prp od; **~ wann?** ọtkad(a)?
Seite strana; (Buch~) strạnica
Sekunde sekụnda
Selbstbedienungsladen samoposlužịvanje
selten adj rijẹdak; adv rijẹtko
senden (schicken) slati/pọslati
Sendung (Radio, Fernsehen) emịsija
Serbe Srbin
Serbien Sṛbija
Serbin Sṛpkinja
serbisch sṛpski
servieren servịrati
setzen stạviti; **s. ~** sjesti
Sex seks
sicher adj sịguran; adv sịgurno
Sicherheit sigụrnost f
Sicherung (el) osigụrač
Sicht vidik; (schlechte ~) loša vịdljivost
sichtbar vidljiv
sie ona
Sie Vi
singen pjẹvati/zạpjevati
sitzen sjẹditi
Skorpion škọrpija
Slowene Slovẹnac
Slowenien Slọvenija
Slowenin Slọvenka
Smalltalk ćaskanje >14f.
so ovạko, tako
sofort odmah
sogar čak, dapạče
Sohn sin
sollen trẹbati, mọrati
Sonne sunce
Sonnenbrille sụnčane nạočale f pl
sonnig sunčan
sorgen, ~ für, s. ~ um brịnuti/pọbrinuti se za
Sorte vrsta
Souvenirs suveniri >64
Spaß (Scherz) šala; (Vergnügen) užịtak
spät kasan
später kạsnije
spazieren gehen šẹtati, prošẹtati
Speisekarte jẹlovnik >38, 46ff.
spielen ịgrati (se)
Spielzeug ịgračka
Sport šport >82ff.
Sprache jezik
sprechen govọriti
Staat dṛžava
Staatsangehörigkeit dṛžavljanstvo >22
Stadt grad
Stadtplan plan grada >65
Stadtrundfahrt obịlazak grada >76, 78
stammen pọtjecati
statt mjesto, ụmjesto
stattfinden održạvati/odṛžati se
stechen bosti/ụbosti
stehen stạjati
stehen bleiben (anhalten) zaụstaviti se
stehlen krasti/ụkrasti >113
steigen pẹnjati/pọpeti se
steil strm

Stein kamen
Stelle (Ort) mjesto; (Arbeit) namještenje
stellen staviti, postavljati/postaviti
Stellung položaj; (Anstellung) namještenje
sterben umirati/umrijeti
Stern zvijezda
Stil stil
still tih, miran
Stimme glas
Stock(werk) kat
Stoff tkanina, (ugs) štof
stören smetati
stornieren otkazati >29, 31
Störung smetnja; (Unterbrechung) prekid
stoßen gurati/gurnuti
Strafe kazna; (Geld~) globa
Strand plaža >82 ff.
Straße ulica; **auf der ~** na ulici
Straßenkarte auto-karta >28, 65
Strauss (Blumen) buket
Strecke relacija; (Bahn~) pruga
Strom (Fluss; el) struja
Stück komad
studieren studirati
Stuhl stolica
Stunde sat
suchen tražiti/potražiti
Süden jug
Summe zbroj
Supermarkt supermarket

T

Tabak duhan
Tag dan; **alle ~e** svaki dan; **bei ~** danju
Tankstelle benzinska stanica >23 f., 28
Tante (Mutters Schwester) teta, (Frau von Mutters Bruder) ujna, (Frau von Vaters Bruder) strina
tanzen plesati >80
Tätigkeit djelatnost f
tauschen mijenjati
täuschen obmanuti; **s. ~** varati se/prevariti se
Taxi taksi >35
Teil dio m
teilnehmen (an) sudjelovati (u)
Telefon telefon >115 ff.
telefonieren telefonirati >115 ff.
Temperatur temperatura
Termin termin; (Frist) rok
teuer skup
Theater kazalište >80 f.
tief dubok; (niedrig) nizak
Tier životinja
Tisch stol; **bei ~** za stolom
Tochter kći
Tod smrt f
Toilette zahod, toalet, WC >37, 68, 117
Toilettenpapier toaletni papir
Ton ton, zvuk; (Farbe) nijansa
Tonwaren glinena roba
Topf (Koch~) lonac
Töpferei lončarstvo
tot mrtav
Tourist/in turist/kinja
tragen nositi; (er~) podnositi
träumen sanjati
traurig žalostan, tužan
treffen sretati/sresti
Treppe stepenice f pl
treu vjeran
trinken piti/popiti
Trinkgeld napojnica, (ugs) tringelt, bakšiš >35, 40
Trinkwasser pitka voda
trotz usprkos
trotzdem usprkos tome
tschüs!{/Stichwort} bog!, dio!
tun činiti/učiniti; raditi/uraditi
Tunnel tunel
Tür vrata n pl
typisch tipičan

U

U-Bahn podzemna željeznica >35
Übelkeit mučnina >104, 108
über iznad
überall svuda
überfallen napadati/napasti
überholen nadmašiti; (mit dem Auto) pretjecati/preteći
übernachten prenoćiti >6 ff., 66 ff.
überqueren prelaziti/prijeći
überrascht iznenađen
Übersee prekomorje
übersetzen prevoditi/prevesti
überweisen doznačivati/doznačiti
Ufer obala
Uhr sat
Uhrzeit vrijeme po satu >16 f.
um (herum) okolo; (Zeitangabe) u
umarmen grliti/zagrliti
umbuchen promijeniti rezervaciju >29, 31
Umleitung zaobilaznica >28
umsonst (gratis) besplatno; (vergebens) uzalud
umsteigen prelaziti/prijeći; presjedati/presjesti
umtauschen razmijeniti >109 f.
Umwelt okoliš
umziehen (Wohnung wechseln) seliti/preseliti se; **s. ~** presvlačiti/presvući se
unbedingt adv svakako
unbekannt nepoznat
und i, a; **~ so weiter** i tako dalje

Unfall nẹzgoda > 24 f.
unfreundlich nẹljubazan
ungefähr otprịlike
ungern nẹrado
ungesund nezdrav
ungewiss nẹizvjestan
Unglück nẹsreća
unglücklich nẹsretan
ungültig nevạžeći
unhöflich neụljudan, neụčtiv
Unkosten trọškovi m pl
unmöglich nẹmoguć
unruhig nẹmiran
uns nama, nas
unschuldig nevin
unser, unsere naš, naše, naša
unter ispod, pod; (zwischen) ịzmeđu, među
unterbrechen prekịdati/prẹkinuti
Unterführung pọdvožnjak
Unterhaltung (Gespräch) rạzgovor; (Vergnügen) zạbava > 80 ff.
Unterkunft smještaj > 6 ff., 66 ff.
Unterschied rạzlika
Unterschrift potpis > 109 f.
Untersuchung pregled
unterwegs usput > 20 ff.
unverschämt sein biti bezọbrazan
unwohl nẹlagodan
Urlaub dopust, gọdišnji odmor
Ursache uzrok
urteilen sụditi/osụditi; (bewerten) ocjenjị-vati/ocijẹniti

V

Vater otac
Verabredung dọgovor, sạstanak > 15 f.
verabschieden, s. ~ oprạštati se/oprọstiti se
verändern promijẹniti
Veranstaltung prịredba > 80 f.
Veranstaltungskalender kalẹndar priredbi > 80 f.
verbieten zabranjịvati/zabrạniti
Verband zavoj >
Verbindung (Zug, Telefon) veza
verboten! zạbranjeno!
verdienen zarađịvati/zarạditi; (wert sein) zas-lụžiti
verdorben pọkvaren; (faul) truo; (sittlich) pọ-ročan
vereinbaren ugovạrati/ugovọriti
Verfassung ustav; (Zustand) stanje
Vergangenheit prošlost f
vergessen zaborạvljati/zabọraviti
Vergewaltigung sịlovanje > 114
Vergiftung otrovạnje > 109
Vergnügen zadovọljstvo > 80 ff.
verheiratet (Mann) ọženjen; (Frau) ụdata > 22
Verhütungsmittel kontracẹpcijsko sredstvo
verirren, s. ~ zalụtati
Verkauf prọdaja
Verkehr promet
Verkehrsbüro prọmetni ured
verlängern produžịvati/prodụžiti
verlieren gụbiti/izgụbiti > 111
verloben, s. ~ zarụčiti se
Verlobte, der/die ~ zạručnik/-nica
Verlust gubịtak
vermieten iznajmljịvati/iznạjmiti > 29, 72
versäumen (verpassen) propụštati/propụstiti
verschieben (zeitlich) odgạđati/odgọditi
verschieden rạzličit
verschreiben prepịsati (lijek) > 104
Versehen, aus ~ ọmaškom
Versicherung osigurạnje
verspäten, s. ~ zakạsniti
Versprechen obećạnje
verständigen, jdn ~ obavještạvati/obavijẹstiti koga; s. ~ sporazụmjeti se
verstehen razumijẹvati/razụmjeti
versuchen pokušạvati/pọkušati; (Speisen) kụšati
Vertrag ụgovor
verunglücken strạdati/nastrạdati
verwandt srodan
verwechseln zamjenjịvati/zamijẹniti
Verzeichnis popis
verzeihen oprạštati/oprọstiti
verzollen cạriniti/ọcariniti > 22
viel mnogo
vielleicht možda
Visum viza > 22
Volk narod
voll pun; (~ besetzt) pọpunjen; (ganz) potpun
Vollpension puni penzịon > 68, 70
von od
vor (räumlich) ispred, pred; (zeitlich) prije
Voranmeldung nạjava
Voraus, im ~ ụnaprijed
vorher prije
vormittags do podne
Vorname ime > 22
Vorort, Vorstadt prẹdgrađe
Vorsaison prẹdsezona > 68, 70
Vorschrift propis
Vorsicht oprez; ~! pazi!
Vorstellung prẹdstavljanje; (Begriff) prẹdo-džba
Vorverkauf prẹtprodaja > 81
Vorwahlnummer pọzivni broj > 116
vorziehen više vọljeti

Insider Tipps

Schnell oder gar nicht?

So ein Pech, da hat doch Ihr Lieblingskleid, das Sie morgen Abend tragen wollen, einen großen Fleck – und den soll die Reinigung noch heute verschwinden lassen.
Ein *brzo* („schnell") ist da genau richtig. Die Dame sieht Sie verwundert an? Dann haben Sie wohl [prtzo] gesagt und ihr zu verstehen gegeben, dass Sie den Fleck „auf gar keinen Fall" entfernt haben möchten. Mit der korrekten Aussprache [brso] können Sie bald wieder in Ihrem Kleid strahlen.

Frisierte Ziegen *

Wenn Sie in einen Friseursalon gehen, auf Ihren Kopf deuten und *kosa* [kossa] (Haare) sagen, ist dem Friseur auch mit dieser schlichten Ausdruckweise klar, dass er Ihnen die Haare schneiden soll. Sagen Sie dagegen *koza* [kọsa], wird er Sie verwundert anschauen, haben Sie ihm doch zu verstehen gegeben, dass Ihre Ziege einen neuen Haarschnitt braucht. Und gemeckert wird nicht ...

Jugend-Rasur

Brijati bedeutet eigentlich „rasieren". Aber insbesondere Jugendliche ohne Bartwuchs benutzen diesen Begriff erstaunlicherweise unentwegt. Aber nicht, weil sie sich endlich mal rasieren wollen. Nein, es handelt sich vielmehr um einen Ausdruck im Slang der Jugendsprache und der wird für fast alle Aktionen und Sachen verwendet und auch

verstanden, z. B. *brijati na* („auf etwas stehen") oder *brijati s nekim* („jemanden küssen").

Haben englische Reisegruppen das Land überschwemmt? Überall ist „Fuck" zu hören. Seien Sie versichert, die Einheimischen sind am Werk. Das Wort stammt zwar aus dem Englischen, ist aber so in die kroatische Umgangs- und vor allem auch Jugendsprache übergegangen, dass es niemandem mehr unangenehm aufstößt und entsprechend selbstverständlich verwendet wird. *Jebiga* ist die kroatische Version von „Fuck" und drückt wie bei uns „intensive Gefühle" aus („Fuck Schule", „Fuck Wetter", ...).

Kroatischer Humor

Kroaten machen gerne Scherze über die eigenen Schwächen, aber auch die der anderen, und erwarten dabei, dass alle mitlachen. Darüber hinaus pflegen sie einen absurden, teilweise derben und einen alles andere als politisch korrekten Humor. Am besten, Sie nehmen es gelassen, und im Notfall haben Sie den Witz eben „nicht verstanden".

W

h budan

len (auch Politik, Telefon) bịrati >116

r ịstinit

rend prp za vrijẹme; conj dok

rscheinlich vjẹrojatan

hrung valụta >110

d šuma >79

lderkarte ịzletnička karta >65

dern họdati, pješạčiti >85 f.

n?/Seit wann? Kada?/Ọtkad(a)?

m tọpao

nen (vor) upozorạvati/upozọriti (na)

ten čẹkati

rtesaal čekaọnica

rtezimmer čekaọnica

rum? Zašto?

s što; ~ **für ein/eine ...?** kakav, kakvo/kakva ...?

s? Što?

schen prati

asser voda

echseln (Geld) mijẹnjati >109 f.

ecken bụditi/probụditi

eg put

eg nẹstao; **weg da!** ọdatle!

egen zbog, radi

eggehen ọdlaziti/ọtići

Wegweiser pụtokaz

wehtun bọljeti >104, 109

weiblich ženski

weich mek(an); (Ton, Farbe) blag

weigern, s. ~ ustẹzati se

weil jer

Weinberg vịnograd

weinen plạkati/zạplakati

weiß bijel

weit (Gegenteil von eng) širok; (Weg) dalek

Welche(r/s)? Koja (i/e)

Welt svijet

Wem?/Wen? Komu?/Koga?

wenig malo

weniger manje

wenn (Bedingung) ako; (zeitlich) kad(a)

Wer? Tko?

werden pọstajati/pọstati

Werkstatt radiọnica >24, 28

werktags radnim danom

Wert vrijẹdnost f

Wessen? Čiji/čija/čije?

Westen zapad

Wetter vrijẹme >19; **bei diesem** ~ po ovom vrẹmenu

wichtig važan, bitan

wie (Frage) kako; (Vergleich) kao

Wie?/Wie viel? Kako?/Kọliko?

Wie lange? Kọliko dugo?

wieder pọnovo, opet; (noch einmal) još jednom

wiederholen ponạvljati/ponọviti

wiederkommen vrạćati/vrạtiti se

wiedersehen opet vịdjeti

wiegen vạgati, tẹžiti

willkommen dobrodọšao

wir mi

Wirt gostiọničar

Wo?/Woher?/Wohin? Gdje?/Ọtkuda?/Kamo?

Woche tjedan >18

wohnen stanọvati

Wohnort prebịvalište >22

Wohnung stan; **möblierte** ~ nạmješten stan

wollen htjeti; (wünschen) žẹljeti

Wort riječ f

wünschen žẹljeti/zažẹljeti

Wurst kobạsica >44

wütend bijẹsan; ~ **werden** bjẹsneti/pobjẹsnjeti

Z

Zahl broj

zahlen plạćati/plạtiti

Zahnarzt zubar >103 f.

zeigen pokazịvati/pokạzati; (hinweisen) ukazịvati/ukạzati

Zeit vrijẹme; **zur** ~ sada >16 ff.

Zeitschrift čạsopis >65

Zeitung nọvine f pl >65

Zentrum centar, srẹdište

zerbrechlich lomljiv

zerstören razạrati/razọriti

Zeuge svjedok

ziehen vući/pọvući

Ziel cilj

Zigarette cigarẹta

Zimmer soba >8 f., 66 ff.

Zoll cạrina >22

zornig ljutit

zu (Richtung) k(a), u; (mit adj) pre-; (geschlossen) zạtvoren

zufrieden zạdovoljan

Zug vlak >31 f.

zumachen zatvạrati/zatvọriti

zurück natrag

zusammen zạjedno

zusätzlich dọdatan

zuschauen glẹdati

Zuschlag nạdoplata >32

zuschließen zaključạvati/zaključạti

zuständig nạdležan

zu viel prẹviše

zweifeln, an etw ~ sụmnjati u što

zwischen među, ịzmeđu